高等职业教育“十四五”规划教材

农产品质量认证与管理

王萍莉　李小万　主编

中国农业大学出版社
·北京·

内容简介

本书以培养学生能够从事绿色食品认证、有机产品认证及农产品地理标志登记工作为目标，结合国家农产品质量安全的最新政策，从我国农产品质量认证与质量管理工作岗位的岗位需求出发，围绕农产品“三品一标”的认证和管理，根据实际工作需要，将本书的内容整理编撰成4个项目：农产品质量安全管理基础知识、绿色食品认证与管理、有机产品认证与管理、地理标志产品登记，对农产品认证的有关知识及申报事项予以详细解读，以帮助学生了解和掌握农产品质量认证和管理工作。

本书以真实的认证案例引导学生完成农产品质量认证文件编制，在项目执行过程中学习融通农产品质量认证与管理的相关知识，形成农产品质量认证管理的工作能力。

图书在版编目(CIP)数据

农产品质量认证与管理/王萍莉，李小万主编.--北京：中国农业大学出版社，2024.6
ISBN 978-7-5655-3219-1

Ⅰ.①农… Ⅱ.①王… ②李… Ⅲ.①农产品-产品质量认证-中国-高等职业教育-教材 ②农产品-质量管理-中国-高等职业教育-教材 Ⅳ.①F326.5

中国国家版本馆CIP数据核字(2024)第106371号

书　　名　农产品质量认证与管理
作　　者　王萍莉　李小万　主编

策划编辑　张　玉　　**责任编辑**　张　玉　申海涛
封面设计　郑　川　李尘工作室
出版发行　中国农业大学出版社
社　　址　北京市海淀区圆明园西路2号　　**邮政编码**　100193
电　　话　发行部 010-62733489,1190　　读者服务部 010-62732336
编辑部 010-62732617,2618　　出　版　部 010-62733440
网　　址　http://www.caupress.cn　　**E-mail** cbsszs@cau.edu.cn
经　　销　新华书店
印　　刷　河北朗祥印刷有限公司
版　　次　2024年7月第1版　2024年7月第1次印刷
规　　格　185 mm×260 mm　16开本　10.5印张　257千字
定　　价　29.00元

编　委　会

主　编　王萍莉（新疆农业职业技术学院）
　　　　　李小万（新疆农业职业技术学院）

副主编　张瑞梅（新疆中信中联认证有限公司）
　　　　　崔海滨（中粮屯河番茄制品有限公司）
　　　　　李海薇（新疆农业职业技术学院）

参　编　张文虎（乌鲁木齐市农业农村局）
　　　　　朱世文（昌吉回族自治州农畜产品检验检测中心）
　　　　　段丽娜（昌吉市农牧业技术推广中心）

审　稿　史　梅（新疆农业职业技术学院）

前　言

党的二十大报告提出，全方位夯实粮食安全根基，牢牢守住十八亿亩耕地红线，确保中国人的饭碗牢牢端在自己手中。农产品作为人类生活的基本物质来源，其质量直接关系到广大消费者的健康与安全。民以食为天，食以安为先，保障百姓吃上安全放心的农产品，是各国政府履行政府职责、保证公民根本利益的体现，也是各国政府高度重视的一大民生工程。

农产品质量认证是我国政府提高农产品质量安全水平的重要抓手，是全面促进我国农产品安全标准化生产、提高公信力和国际声誉的根本保障。随着人们对食品安全问题的重视程度不断提高，加强农产品质量管理势在必行，目前，很多农产品生产加工企业急需大批懂得农产品质量认证与管理、能够开展农产品质量认证等工作的人员。

本书充分考虑当前国家的农产品质量安全的最新政策，从我国农产品“三品一标”认证与质量管理工作岗位人才需求分析出发，以培养学生掌握农产品质量认证管理基本理论，能够从事农产品“三品一标”认证工作、证后管理工作为目标，根据实际工作需要将全书内容分成 4 个项目：农产品质量安全管理基础知识、绿色食品认证与管理、有机产品认证与管理、地理标志产品登记。本书以真实的认证案例，引导学生完成农产品认证文件编制，在项目执行过程中学习融通相关知识，形成农产品质量认证管理的工作能力。

本书中农产品质量安全管理基础知识、绿色食品认证与管理由王萍莉编写，有机产品认证与管理、农产品地理标志登记由李小万、张瑞梅编写，书中案例由崔海滨编写，附录及项目测验由李海薇编写；张文虎、朱世文、段丽娜也参与了部分内容的编写。本书由史梅审稿。

编写组希望通过对农产品质量认证与管理的全面梳理和深入分析，为提升我国农产品质量安全水平、推动农业可持续发展贡献力量，同时，也期待与广大读者共同探讨、交流，共同推动农产品质量认证与管理事业的不断发展。

在本书编写过程中，我们力求准确、全面地反映农产品质量认证与管理的最新理论和实践成果，但限于篇幅和水平，书中难免存在疏漏和不足之处，恳请各位读者、同行及专家批评指正，以便进一步完善提高。

编　者

2024 年 3 月

目　录

项目一
农产品质量安全管理基础知识

【学习引导】

“民以食为天，食以安为先”，农业是一个国家经济、社会发展的根本，而农产品质量安全则是一个国家的农业持续、健康发展的前提条件；农产品的质量安全状况如何，直接关系着人民群众的身体健康乃至生命安全。农产品质量安全也是关系到国计民生的大问题，是国民经济顺利发展和社会稳定的基石，关系到我国农产品是否具有强大的国际竞争力。那么我国是如何进行农产品质量控制的呢？

本项目主要介绍农产品质量安全的概念，我国目前农产品质量安全存在的问题及影响因素，农产品质量安全体系。

【知识目标】

1. 掌握农产品、农产品质量安全的基本概念与基本知识；
2. 掌握影响农产品质量安全的主要因素、农产品质量安全控制的方式；
3. 熟悉我国农产品质量安全管理体系。

【技能目标】

1. 依据农产品生产实际案例，能够分析影响农产品质量安全的因素；
2. 会制定农产品质量控制的办法。

【素质目标】

1. 培养学生热爱“三农”、服务“三农”的情怀，立志投身乡村振兴、助力农业产业健康发展。

2. 了解农产品质量安全及标准的内涵，建立诚信经营的意识。

3. 通过对农产品质量安全相关法律法规的学习，培养学生科学控制农产品质量的自觉性和自律性，提高学生的法律意识、责任意识和安全意识。

4. 具备“从农田到餐桌全过程管理”的生产意识。

任务1 走入农产品质量安全管理

一、农产品质量安全基本概念

(一)农产品的定义

根据《中华人民共和国农产品质量安全法》规定,农产品是指来源于种植业、林业、畜牧业和渔业等的初级产品,即在农业活动中获得的植物、动物、微生物及其产品。

(二)农产品涵盖的范围

根据农产品的定义,农产品包括种植业、养殖业等农业直接产出品及来源于这些产品的初加工品。农产品质量安全涉及的农产品主要是可食用农产品,可食用农产品是指可供食用的各种植物、畜牧、渔业产品及它们的初级加工品,主要包括以下几种:

1. 植物类

(1)小麦、稻谷、玉米、高粱、谷子、杂粮(大麦、燕麦等)及其他粮食作物。

(2)各类蔬菜以及蔬菜制成的加工品,如白菜、黄花菜、玉兰片、萝卜干、冬菜、梅干菜、木耳、香菇、平菇等。

(3)水果及坚果的加工品,对新鲜水果进行清洗、脱壳、分类、包装、贮藏保鲜、干燥、炒制等加工处理,如将荔枝、桂圆、葡萄等制成果干或者罐头等。

(4)油料植物,榨取植物油脂制成的初级产品,如菜籽(包括芥菜籽、花生、大豆、葵花籽、蓖麻籽、芝麻籽、胡麻籽、茶籽、桐籽、橄榄仁、棕榈仁、棉籽等)。

2. 畜牧类

(1)肉类产品

①畜禽类和爬行类动物,如牛、马、猪、羊、鸡、鸭等。

②加工成的肉产品,如分割肉、保鲜肉、冷藏肉、冷冻肉、冷却肉、盐渍肉、肉块、肉片、肉丁等。

(2)蛋类产品

①蛋类初级加工品,即通过对鲜蛋进行清洗、干燥、分级、包装、冷藏等加工处理,制成各种分级、包装的鲜蛋、冷藏蛋等。

②经过加工的咸蛋、松花蛋、腌制蛋等。

(3)奶制品 通过对鲜奶进行净化、均质、杀菌、灭菌、罐装等方法制成的巴氏杀菌奶、超高温灭菌奶、花色奶等。

3. 渔业类

(1)水产动物,如鱼、虾、蟹、鳖、贝类、棘皮类、软体类、腔肠类、两栖类、海兽等。

(2)水生植物,如海带、裙带菜、紫菜、龙须菜、麒麟菜、江蓠、浒苔、羊栖菜、莼菜等。

(三)农产品质量安全

农产品质量安全是指农产品质量达到农产品质量安全标准,符合保障人的健康、安全的要求。

农产品质量安全，就是指农产品的可靠性、使用性和内在价值，包括在生产、贮存、流通和使用过程中形成、残存的营养、危害及外在特征因子，既有等级、规格、品质等特性要求，也有对人、环境的危害等级水平的要求。

随着人们生活水平的提高，对农产品的要求越来越高，同时随着化工技术的发展，越来越多的化学物质被应用于农业生产，农产品的质量风险也在增加，因此农产品质量安全是影响目前农产品安全的主要因素。

二、我国目前农产品质量安全存在的主要问题

1. 化肥、农药等残留污染问题越来越严重

在我国过去50多年的农业发展中，农业化学投入品的数量急剧增长，而且由于经济、技术等方面的原因，使用的有些农药安全性较低，这些农药的残留对消费者的健康有很大的影响。

2. 食物加工中滥加化学添加剂，导致食物中毒现象日益严重

为争取果菜早上市，农业生产中会大量使用化学药剂，造成农产品质量下降，水果、蔬菜和肉类口感和安全性较差，有的还含有对人体有害的成分。因蔬菜、水果农药污染造成的急性中毒事件并不鲜见。另外，少数厂商见利忘义，不顾人们的健康，使用国家明令禁止的添加剂加工农产品，造成如“瘦肉精”“毒大米”等恶性事件，导致消费者在选购农产品时，心存顾虑，缺乏安全感。

3. 食物污染问题变得越来越严重，越来越难控制

随着人类生产和生活的不断进步，食物受到污染的机会日益增多。除由于食物意外地被大量农药、铅、砷等有害物质污染而引起急性中毒外，目前更受到关注的是少量化学污染长期通过食物进入人体而造成的慢性健康危害。如重金属铅、汞、镉，以及燃煤中的氟等，这些污染物可能在人体内长期蓄积而对人类健康造成各种慢性危害。此类化学性污染大都是工业化的副产品，一旦进入食物链，将很难消除。同时，这类污染由于其污染的种类多，污染源多，难以及时发现，对人体健康的危害又极为严重，如会造成脑损伤、致癌、先天畸形等，从而引起消费者的特别关注。

4. 由于质量安全问题导致农产品及其加工产品出口面临挑战

2002年以来，我国出口到发达国家的农产品因农药、兽药残留和重金属含量“超标”而遭拒收、扣留、中止合同等停止出口事件的数量超过历史同期水平。农产品质量安全问题已使我国在农产品对外贸易中遭受巨大损失，对国家也产生了极大的负面影响，不仅损失产品和运输费用，而且影响了未来货物的价格。更为严重的是，某些国家和地区以此为借口对我国农产品出口实施限制，往往形成扩散效应，在其他出口市场形成连锁反应，从而降低了对我国农产品的信任度。

三、影响农产品质量安全的因素

（一）化学性污染

1. 污染形式

(1)生产、加工、运输等过程中不合理使用化学合成物质，如使用禁用农药，过量、过频使用

农药、兽药、渔药、添加剂等。

(2)种植环境中化学物质含量过高以及产地环境中水、土、气的污染。

2. 污染种类

农药残留、兽药残留、重金属污染、硝酸盐和亚硝酸盐污染、渔药残留、食品添加剂使用不当等。《GB 2762—2022 食品安全国家标准 食品中污染物限量》《GB 2763—2021 食品安全国家标准 食品中农药最大残留限量》对农产品的污染做了限量规定。

①农药残留:农药使用后残留于生物体、食品(农副产品)和环境中的微量农药原体、有毒代谢物、降解物和杂质的总称。

来源:施用时的直接污染、环境的间接污染、食物链和生物富集、运输和储存过程中的二次污染等。

种类:有机氯类、有机磷类、氨基甲酸酯类、拟除虫菊酯类杀虫剂等,各种杀菌剂、除草剂等。

②兽药残留:动物产品的任何可食部分所含的兽药母体化合物或代谢物,以及和兽药有关的杂质残留。

来源:预防和治疗禽兽疾病、饲料添加剂、食品保鲜、改良品种(瘦肉精)等。

种类:抗生素类、磺胺类、呲喃类、雌激素类、盐酸克伦特罗等。

③重金属污染:主要包括以下元素:镉(人体有高累积性,食品中限量 0.03～0.2 mg/kg)、铅(会引起体内铅蓄积,食品中限量 0.1～0.5 mg/kg)、汞(有机汞危害较大,食品中限量 0.01～0.5 mg/kg)、砷(无机砷为剧毒,食品中限量 0.1～0.5 mg/kg)、铬(Cr^{3+} 主要存在于水中,是水生生物的主要污染源,食品中限量 0.5～2.0 mg/kg)。

其主要来源为次生环境污染(人类活动对环境造成的污染,废弃物最严重,如汞在沉积物中检出高达 200 mg/kg),部分来源于原环境(天然形成的,如未污染的土壤中,汞的平均浓度为 0.007 mg/kg)。

④硝酸盐、亚硝酸盐污染:这是生成强致癌物的来源。主要包括食品添加剂(直接来源)、生物机体的合成、含氮化肥和农药的使用、工业废水和生活污水(主要来源)。

危害:癌症、甲状腺肿大、婴儿先天畸形、正铁血红蛋白症。

⑤渔药残留:水产品的任何可食部分中渔药的原型化合物或其代谢产物,并包括与药物母体有关的杂质在动物体组织、器官等蓄积、贮存或以其他方式保留的现象。

来源:控制水产动物病害的蔓延,投用了较多的抗生素等化学药物,如喹诺酮类、磺胺类等,由于对其用量、用药次数以及休药期的认识不够或忽视,造成药物在水产品中残留,进而对公众的健康和水域环境造成了潜在危害。

危害:一般来说,水产品中的渔药残留大部分不会对人类产生急性毒性作用。但是如果人们经常摄入含有低剂量渔药残留的水产品,残留的药物即可在人体内慢性蓄积而导致体内各器官功能紊乱或病变,严重危害人类的健康。

危害主要包括毒性作用、变态反应、产生耐药菌株、"三致"作用、激素作用、水环境生态毒性。

⑥食品添加剂:食品添加剂是指用于改善食品品质、延长食品保存期、便于食品加工和增加食品营养成分的一类化学合成物质或天然物质。目前,我国食品添加剂有 23 个类别,大约 2 000 多个品种,包括酸度调节剂、抗结剂、消泡剂、抗氧化剂、漂白剂、膨松剂、着色剂、护色剂、

酶制剂、增味剂、营养强化剂、防腐剂、甜味剂、增稠剂、香料等。食品添加剂可以起到提高食品质量和营养价值，改善食品感官性质，防止食品腐败变质，延长食品保藏期，便于食品加工和提高原料利用率等作用。

使用了过期的、不纯的、过量的或是已经被禁止使用的食品添加剂，就有可能对人体造成危害。

（二）生物性污染

生物性污染是指自然界中各类生物性因子对农产品质量安全产生的危害，如致病性细菌、病毒以及毒素污染等。污染途径主要包括环境间接污染和生产中农业投入品直接污染。

1．真菌污染

GB 2761—2017《食品中真菌毒素限量》对农产品中的真菌污染做了限量规定。如黄曲霉素 B_1、黄曲霉素 M_1、脱氧腐雪镰刀菌烯醇等。

2．细菌污染

主要包括单核细胞增生李斯特氏菌、副溶血性弧菌、金黄色葡萄球菌、大肠埃希氏菌、沙门氏菌等。

3．病毒污染（人畜共患病）

主要包括疯牛病、狂犬病、口蹄疫、猪水疱病、禽流感、猪流感（H1N1）等。

（三）物理性污染

物理性污染指由物理性因素对农产品质量安全产生的危害，是由于在农产品收获或加工过程中操作不规范，不慎在农产品中混入有毒有害杂质，导致农产品受到污染，该污染可以通过规范操作加以预防。

（四）内源毒素

可食性天然食物中本身存在的其自身合成的对人体有害的一系列毒素，从大的角度可以分为三类：动物类食品中的天然毒素、植物类食品中的天然毒素以及毒蕈。

四、农产品质量安全控制

（一）从农田到餐桌全过程控制链

全力构建“从农田到餐桌”的全过程质量控制链，即投入品—生产—加工—贮运—销售—消费。

（二）农产品质量安全的控制环

1．产前

产地环境符合农产品生产的要求。

产前应符合《NY/T 1054—2021 绿色食品　产地环境调查、监测与评价规范》等一系列国家标准和行业标准，做好农业投入品管理和销售等工作。

2．产中

生产过程符合相关的生产技术规程，在种植业推广 GAP（良好的农业规范）、养殖业推广 HACCP（危害分析及关键控制点）等质量安全技术。

3. 产后

产后应做好农产品质量安全监控。即生产者自检、送检、监督检查、例行监测等。

4. 消费

农产品上市前应遵守市场准入、农产品质量安全追溯制度等。

(三)农产品质量安全监控有法可依

《中华人民共和国农产品质量安全法》要求做到以下方面：

1. 七项制度

①农产品质量安全信息发布制度。

②农产品生产记录制度。

③农产品分级包装与标识制度。

④农产品质量安全市场准入制度。

⑤农产品质量安全监测和监督检查制度。

⑥农产品质量安全事故报告制度。

⑦农产品质量安全责任追究制度。

2. 六个禁止

①禁止生产、销售不符合国家规定的农产品质量安全标准的农产品。

②禁止在特定农产品禁止生产区域种植、养殖、捕捞、采集食用农产品和建立农产品生产基地。

③禁止违反环境保护法律、法规的规定向农产品产地排放或者倾倒废水、废气、固体废物或者其他有毒有害物质。

④禁止伪造农产品生产记录。

⑤禁止在农产品生产经营过程中使用国家禁止使用的农业投入品以及其他有毒有害物质。

⑥禁止冒用农产品质量标志。

3. 八个不准

①经检测不符合农产品质量安全标准的农产品，应当及时采取管控措施，不得销售。

②有六种情形(含有国家禁止使用的农药、兽药或者其他化合物的；农药、兽药等化学物质残留或者含有的重金属等有毒有害物质不符合农产品质量安全标准；含有的致病性寄生虫、微生物或者生物毒素不符合农产品质量安全标准的；未按照国家有关强制性标准以及其他农产品质量安全规定使用保鲜剂、防腐剂、添加剂、包装材料等，或者使用的保鲜剂、防腐剂、添加剂、包装材料等不符合国家有关强制性标准以及其他质量安全规定的；病死、毒死或者死因不明的动物及其产品；其他不符合农产品质量安全标准的情形的)之一的农产品，不得销售。

③监督抽查检测应当委托符合规定条件的农产品质量安全检测机构进行，不得向被抽查人收取费用。

④监督抽查监测抽取的样品，不得超过国务院农业农村主管部门规定的数量。

⑤上级农业农村主管部门监督抽查的同批次农产品，下级农业农村主管部门不得另行重复抽查。

⑥对采用快速检测方法检测结果有异议的，被抽检人申请复检，复检不得采用快速检测方法。

⑦农产品销售企业对其销售的农产品，应当建立健全进货检查验收制度，经查验不符合农产品质量安全标准的，不得销售。

⑧对同一违法行为不得重复处罚。

4. 产品检测

(1)检测的主要类型

①生产者自检。

②送检。

③监督抽检。

④例行监测：为风险评估及预警提供基础数据。

⑤其他监测：(普查、风险监测等)。

(2)检测范围　包括农产品产前、产中、产后全过程。

(3)主要检测手段　包括快速检测和常规检测。

①快速检测常用方法：农药残留，采用酶抑制显色法；渔兽药残留，采用酶联免疫法。

②快速检测的优点：检测周期短，只需要十多分钟；相对常规检测(仪器检测)的成本低。

③快速检测的缺点：容易出现假阳性或假阴性；只对特定的组分有效应(有机磷和氨基甲酸酯类)，一般用于快速筛选，对呈现阳性的样品以常规检测(仪器检测)做最后判断。

(四)农产品质量安全标准

我国的农产品质量安全标准为四级标准体系：

(1)国标：在全国范围内的统一的技术要求。

(2)行标：没有国家标准但是需要在行业范围内统一的技术要求，在国标公布后即行废止。

(3)地标：没有国标和行标又需要在省等范围内统一的技术要求，在国标公布后即行废止。

(4)企标：没有国家或行业标准的情况下制定企业标准。可以严于国家和行业标准，在企业内部使用。

任务 2　认识农产品质量安全管理体系

随着我国改革开放的深入和国民经济的不断发展，当前我国农业和农村经济发展已经进入了一个新的阶段，粮食和其他农产品产量大幅度增长，由长期短缺到总量大体平衡、丰年有余，解决了全国人民的吃饭问题。长期以来农药、兽药、饲料及添加剂、肥料、动植物激素等农资的使用，为农业生产的发展发挥了积极的作用，同时也造成了环境污染和产品中的残留问题。正是由于这些方面的原因，农产品质量安全问题成了近年来社会关注的突出问题。加强农产品质量安全管理，提高农产品质量，保障农产品安全，是提高我国人民生活质量和增强农产品国际竞争力的需要，也是提高农业效益、增加农民收入的需要。中国农产品质量安全管理体系主要包括：法律法规体系、标准体系、检测检验体系、认证体系等。

一、法律法规体系

我国农产品质量安全法律法规体系涉及农产品标准、产地环境、投入品、生产、销售、管理等各个环节。

主要涉及的法律法规有《中华人民共和国农产品质量安全法》《中华人民共和国食品安全法》《中华人民共和国农业法》《中华人民共和国标准化法》《中华人民共和国环境保护法》《农药管理条例》《兽药管理条例》《农产品产地安全管理办法》(部分法律法规见附录)。

(一)产地环境安全方面

产地环境安全与否直接关系到农产品的质量安全。《刑法》将严重危害自然环境、破坏野生动植物资源的行为定为危害公共安全罪和破坏社会主义经济秩序罪。涉及农产品生产者的相关法律法规有:

《中华人民共和国农业法》第六十五条:农产品采收后的秸秆及其他剩余物质应当综合利用,妥善处理,防止造成环境污染和生态破坏。从事畜禽等动物规模养殖的单位和个人应当对粪便、废水及其他废弃物进行无害化处理或者综合利用,从事水产养殖的单位和个人应当合理投饵、施肥、使用药物,防止造成环境污染和生态破坏。

《中华人民共和国农产品质量安全法》第二十二条:任何单位和个人不得违反有关环境保护法律、法规的规定向农产品产地排放或者倾倒废水、废气、固体废物或者其他有毒有害物质。农业生产用水和用作肥料的固体废物,应当符合法律、法规和国家有关强制性标准的要求。第二十三条:农产品生产者应当科学合理使用农药、兽药、肥料、农用薄膜等农业投入品,防止对农产品产地造成污染。农药、肥料、农用薄膜等农业投入品的生产者、经营者、使用者应当按照国家有关规定回收并妥善处理包装物和废弃物。

(二)安全生产方面

我国农药、兽药、饲料添加剂等与安全生产有关的投入品的生产、经营均实现许可制度。涉及农产品生产者(企业)、农民专业合作社的有关法律法规:

《中华人民共和国农产品质量安全法》第二十七条:农产品生产企业、农民专业合作社、农业社会化服务组织应当建立农产品生产记录,如实记载下列事项:

(一)使用农业投入品的名称、来源、用法、用量和使用、停用的日期;

(二)动物疫病、农作物病虫害的发生和防治情况;

(三)收获、屠宰或者捕捞的日期。

农产品生产记录应当至少保存二年。禁止伪造、变造农产品生产记录。国家鼓励其他农产品生产者建立农产品生产记录。

第二十八条:对可能影响农产品质量安全的农药、兽药、饲料和饲料添加剂、肥料、兽医器械,依照有关法律、行政法规的规定实行许可制度。省级以上人民政府农业农村主管部门应当定期或者不定期组织对可能危及农产品质量安全的农药、兽药、饲料和饲料添加剂、肥料等农业投入品进行监督抽查,并公布抽查结果。农药、兽药经营者应当依照有关法律、行政法规的规定建立销售台账,记录购买者、销售日期和药品施用范围等内容。

二、标准体系

标准为产品、服务、相关体系、生产过程及相关材料等提供了相应的技术规范和质量要求。就其重要性来讲,我国农业标准体系建设是推进农业产业结构调整和推动农业科技进步的需要,是促进农产品贸易发展的需要,是农业实现增本节效和增加农业收入的需要,是农业依法行政和规范市场经济秩序的需要，是保障农产品消费安全和提高农产品市场竞争的需要。

到目前为止，我国现有与农业有关的国家标准、行业标准有 2 000 多项，与农产食品安全有关的国家标准和行业标准有 1 000 多项，包括 500 多项食品卫生标准，可以说农业标准已渐成体系，包括种子、品质、生产规范、检验方法以及产品标准等。近年来，我国加快了农产品中残留物质和有害元素安全限量标准和检验方法标准的制定。但农产品生产环境、加工、包装、运输、贮存、残留物质、安全限量以及检验方法，这些方面的标准与我国可上市的农产品数量（110 类、1 000 多个产品）相比，还存在着数量少、不配套、技术水平低的问题，并且我国农业标准的采标率低、标准设置不合理的问题也很突出。因此，我国政府已明确提出要加强农产品标准体系的建设，用最短的时间，按照农产品质量安全从“农田到餐桌”全过程监督管理的需要，基本建立一套既符合中国国情又与国际接轨的农产品质量安全标准体系，积极采用国际标准，清理不适应的农产品标准，重点加快农产品产地环境、生产技术规程和蔬菜、水果、茶叶、肉、蛋、奶、水产品等产品中农（兽）药残留及有毒有害物质限量及方法的标准制定，完善动植物病虫害防疫和检疫等方面的标准。

三、检验检测体系

我国的农产品质量安全监测体系，是依照国家法律、法规和有效标准建立的，对农产品（含农业生态环境和农业投入品）质量安全实施的重要技术执法体系、农产品质量安全评价、农业依法行政、市场秩序监管和促进农产品贸易负有重要职责，对农业产业结构调整、农产品质量升级、农产品消费安全和提高农产品市场竞争力等具有重要的作用。

农业部作为农产品质量安全的主管部门，从 20 世纪 80 年代中期开始，按照国家关于加快建立健全农产品质量安全检验检测体系的有关要求，从农业产业发展的客观需要出发，加强了农产品质量安全检验检测体系的建设和管理工作。

1988 年、1991 年、1998 年和 2003 年，农业部以条件、手段良好的中央和省属农业科研、教学、技术推广单位为依托，利用现有的专业技术人员和实验条件，通过授权认可和国家计量认证的方式，分四批规划建设了 12 个国家级农产品（含农业生态环境、农业投入品，下同）质检中心和 268 个部级农产品质检中心。此外，各地农业部门还相继建立了省级农产品质检机构 219 个，地（市）级农产品检验机构 439 个，县级农产品质检站 1 122 个。经过多年的规划建设，我国部、省、县三级构成的农产品质量安全检验检测体系已初具规模，质检机构的检测条件有了一定的改善，从业人员素质得到了显著提高，检测能力基本能满足我国重点行业和重点产品现有国家、行业标准和地方标准的规定要求。这些质检机构在促进我国农产品质量安全水平的全面提高，保障农产品消费安全方面发挥了重要作用。

到 2010 年，共建设 1 个农业部农产品质量标准与检测技术研究中心；42 个部级专业性农产品质量安全监督检验中心；15 个部级优势农产品区域性质量安全监督检验中心；36 个省级综合性农产品质量安全监督检验中心；1 200 个县级农产品质量安全监督检验站。

但是，我国农产品质量安全监测体系还存在一些问题，从检测对象来看，现有的检测机构数量与社会需求尚存在差距，特别是农产品中农药、兽药残留等安全类检测机构的数量还不能满足需要。从地域分布来看，现有质检机构在各地分布不均衡。中西部地区农产品质量安全监测体系的建设还相对滞后，面向广大市场和广大农村的地、县级综合性的农产品检测机构还很薄弱。随着农业科学技术的迅速发展，农业高新技术产品（如转基因产品等）质量安全监测机构还亟待加强建设。因此，我国政府计划从农产品的质量安全涉及的产前、产中和产后三个主要环节入手，加强农产品质量安全监测体系建设。

(1)产前：以农业生态环境安全保障的检测为主进行建设。主要检测对象为产地环境中的水、土、气，包括耕地受污染状况，农灌水受污染状况，畜禽、渔业养殖水受污染状况，农区空气受污染状况，以及农用的城市垃圾、工业固体废弃物、污泥的污染监控等。

(2)产中：以农业投入品质量安全保证的检测为主进行建设。主要检测对象为肥料、兽药、各种生长素或生长调节剂、农膜、农作物种子(种苗)、种畜、种禽、种鱼(水生物种苗)、饲料(饵料)、农药以及各种农业生产用机械设备和农产品加工机械设备等。

(3)产后：以农产品市场准入认可性的检测为主进行建设。主要检测对象为植物产品及其制品(如粮、棉、油、蔬菜、水果、茶叶、食用菌、花卉等)、畜禽产品及其制品(如肉、蛋、奶等)、水产品及制品、转基因产品等。

建设原则是统筹规划、合理布局，整合资源，提升档次，建立起一个由部、省、县本级组成的、布局合理、职能明确、专业齐全、运行高效的农产品质量安全检验检测体系。

在布局上，健全部级专业性农产品质量安全监督检验测试中心；建立省(区、市)级综合性农产品质量安全监测中心，有条件的县建成农产品质量安全监测站。

在监测范围上，能够满足对我国主要农产品及其从农田到市场准入的全程质量安全监控需要。

在监测能力上，能够满足国家标准、行业标准和地方标准及相关国际标准对农产品质量、安全、工艺、性能参数的检测需要。

在技术水平上，部级质检中心应达到国际同类检验检测机构的水平，并逐步实现国际双边或多边认证。

四、认证体系

认证是指由具有资质的专门机构证明产品、服务、管理体系符合相关技术规范的强制性要求或者标准的合格性评定活动，其基本功能是为市场或消费者提供符合标准和技术规范要求的产品、服务和管理体系信息。农产品质量认证始于 20 世纪初美国开展的农作物种子认证，并以有机食品认证为代表。

我国农产品认证始于 20 世纪 90 年代初农业部实施的绿色食品认证。20 世纪 90 年代后期，国内的一些机构引入国外有机食品标准，实施了有机食品认证。2001 年，为全面提高农产品质量安全水平，农业部提出了无公害农产品的概念，并组织实施了“无公害食品行动计划”，2003 年实现了统一标准、统一标志、统一程序、统一管理、统一监督的全国统一无公害农产品认证。无公害农产品、绿色食品、有机农产品和农产品地理标志统称“三品一标”。“三品一标”认证是指无公害农产品认证、绿色食品认证、有机农产品认证和农产品地理标志登记，统称为农产品“三品一标”认证。

随着我国农业发展水平的不断提高，农产品质量安全保障体系的逐步完善，国家有关法律法规的建立健全，农产品质量安全认证也发生了新的改革，“三品一标”的含义也相应有了变化。如《中华人民共和国农产品质量安全法》(2022 年版)不再规定“生产者可以申请使用无公害农产品标志”，农业农村部会同有关部门研究废止相关管理办法。一是自 2022 年 9 月 24 日起，停止无公害农产品认证受理(包括复查换证)。二是对目前已受理的申请，应当最晚不迟于

2022 年 12 月 31 日完成审查颁证工作。三是证书在有效期内的无公害农产品，可继续使用无公害农产品标志，证书到期后不再开展无公害农产品认证。

"三品一标"作为绿色品质农业建设的重要抓手，近年来在农业标准化、品牌化发展和引领安全生产、保障农产品安全、生态环境安全等方面发挥着越来越重要的作用。新形势下立足更高层次、更深领域推进农业绿色发展的需求，农业农村部提出了统筹推进两个"三品一标"的新要求，即在生产方式上推动品种培优、品质提升、品牌打造和标准化生产，在农产品方面发展绿色食品、有机农产品、地理标志农产品、推行食用农产品达标合格证制度。新"三品一标"的提出既是对约定俗成统称的创新，更是适应农业进入高质量发展阶段的内在要求。

相比传统的"三品一标"，新版"三品一标"更聚焦农业全产业链，聚焦质量效益，是提高农业竞争力的需要。站在深入实施"十四五"规划的关键期，绿色品质农业建设中需进一步适应新形势的需求，通过"三品一标"提升行动强化绿色导向、标准引领和质量安全监管，增加优质绿色和特色农产品供给，提升质量效益竞争力，从而更好地为农业农村领域高质量发展、推进共同富裕发挥积极作用。

【项目测验】

一、名词解释

1. 农产品
2. 农产品质量安全

二、选择题

1. 我国农产品质量安全法中所称的农产品，是指来源于农业的(　　)。
   A. 次级产品　　B. 初级产品　　C. 植物产品　　D. 动物产品
2. (　　)农业行政部门在农产品质量安全监督检查中可以对不符合农产品质量安全标准的农产品进行查封、扣押。
   A. 县级以上人民政府　　B. 市级以上人民政府
   C. 乡(镇)级以上人民政府　　D. 国务院
3. 建立健全农产品质量安全服务体系，需要在(　　)以上地方人民政府的统一领导、协调下进行。
   A. 市级　　B. 省级　　C. 县级　　D. 乡(镇)级
4. 进口的农产品必须按照国家规定的(　　)进行检验；未制定之前，可以参照国家有关部门指定的国外有关标准进行检验。
   A. 食品质量安全标准　　B. 卫生质量标准
   C. 农产品质量安全标准　　D. 食品卫生法
5. (　　)人民政府农业行政主管部门应当加强对农产品生产的指导。
   A. 县级以上　　B. 省级以上　　C. 市级以上　　D. 乡(镇)级以上
6. 农产品质量安全监督管理人员不依法履行监督职责，或者滥用职权的，依法给予(　　)。
   A. 记过处分　　B. 行政处分　　C. 罚款　　D. 刑事处分

7. 对可能影响农产品质量安全的兽药、饲料和饲料添加剂、肥料、兽医器械，依照有关法律、行政法规的规定实行（　　）制度。

A. 强制　B. 自律　C. 罚款　D. 许可

8. 下列哪种农药不可以在果蔬上使用？（　　）

A. 吡虫啉　B. 波尔多液　C. 甲拌磷　D. 呋虫胺

9. 农产品质量安全标准是（　　）。

A. 国家一般性标准　B. 行业管理标准

C. 技术规程　D. 强制性技术规范

10. 凡国家法律法规、标准和技术规范未规定可以使用的物质，都（　　）添加使用；禁止使用国家明令禁止使用的有毒有害物质。

A. 可以　B. 不可以　C. 禁止　D. 不得

三、简答题

1. 影响农产品质量安全的因素有哪些？
2. 简要分析农产品质量安全法律体系的组成。

项目二
绿色食品认证与管理

【学习引导】

环境污染对食品安全性的威胁及对人类身体健康的危害日渐被人们所重视。回归大自然，消费绿色食品，已经成为人类的必需。发展绿色食品有利于消费者身体健康，有利于促进我国农产品的出口创汇，有利于保护生态环境和人类健康等。本项目将带领大家学习如何申请绿色食品标志，主要学习内容为绿色食品的概念、绿色食品标志、绿色食品的标准体系、绿色食品认证的程序。

【知识目标】

1. 掌握绿色食品的概念；
2. 熟悉绿色食品的标准体系；
3. 掌握绿色食品认证的程序。

【技能目标】

1. 能进行绿色食品生产管理；
2. 能完成绿色食品认证材料准备和现场检查材料准备。

【素质目标】

1. 具备食品安全意识，具有绿色生产理念；
2. 具备追求真理、一丝不苟、严谨自律、一切为了大众安全着想的职业道德；
3. 具有严谨踏实、刻苦向上的职业素养；
4. 具备猎取信息、拓展知识、求真务实、求实创新等素养。

任务 1　认识绿色食品

一、绿色食品的概念

(一)绿色食品的定义

绿色食品是遵循可持续发展原则，按照绿色食品标准生产、加工，并经专门机构认定，许可使用绿色食品商标标志的安全、优质、营养食品。

绿色食品并非指“绿颜色”的食品，而是对无污染食品的一种形象表述。由于与环境、健康和安全相关的事物通常冠之以“绿色”，为了突出这类食品出自良好的生态环境，对环境保护的有利性和产品自身的无污染与安全性，因此命名为绿色食品。

绿色食品产品涵盖农林、畜禽、水产、饮品和其他产品，共五大类 57 个小类，覆盖农产品及加工食品 1 000 多个品种。目前，全国绿色食品产品总数超过 3 万个。图 2-1 为部分绿色食品种类。

图 2-1　部分绿色食品种类

（二）绿色食品的分类

绿色食品按照是否有化学合成物质的投入以及相关标准的不同，分为 A 级绿色食品和 AA 级绿色食品。A 级绿色食品系指在生态环境质量符合规定标准的产地生产的，生产过程中允许限量使用限定的化学合成物质，按特定的操作规程生产、加工，产品质量及包装经检测、检验符合特定标准，并经专门机构认定，许可使用 A 级绿色食品标志的产品。

AA 级绿色食品系指在环境质量符合规定标准的产地生产的，生产过程中不使用任何有害化学合成物质，按特定的操作规程生产、加工，产品质量及包装经检测、检验符合特定标准，并经专门机构认定，许可使用 AA 级绿色食品标志的产品。AA 级绿色食品等同于国际上的有机食品。

（三）绿色食品的产生与发展

1. 产生原因

（1）生态环境恶化　由于人们大量使用化学农药和除草剂，片面依赖化学肥料增产，过分强调农业机械措施等传统的食物生产方式使生态环境恶化。生态环境恶化促使人类改变食物的生产方式。

(2)食品安全问题

①适应食品安全需求,绿色食品应运而生。世界上发生了许多食品安全重大事件,例如"疯牛病"事件等,让人们更加认识到食品安全的重要性。

②绿色食品是人们生活质量提高后的必然选择。进入20世纪90年代,我国城乡居民在基本解决温饱问题的基础上,开始转向对食物的质量提高要求:一是对品质要求高,要求品种优良、营养丰富、风味和口感好;二是对加工质量要求高,拒绝滥用食品添加剂、防腐剂、抗氧化剂、人工合成色素;三是对卫生要求高,关注食品是否有农药残留、重金属污染、细菌超标;四是对包装要求高,要求包装新颖、美观以及材质对食品无污染。即人们的需求由数量消费型转向质量消费型,由吃得饱、吃得好转向吃得营养、吃得安全。

2. 产生背景

(1)国际背景 20世纪30年代以后,欧美和日本等发达国家在工业现代化的基础上,先后实现了农业现代化。农业现代化一方面大大地丰富了这些国家的食品供应,另一方面也产生了一些负面影响。主要是随着农用化学物质源源不断地、大量地向农田中输入,造成有害化学物质通过土壤和水体在生物体内富集,并且通过食物链进入到农作物和畜禽体内,导致食物污染,最终损害人体健康。可见,过度依赖化学肥料和农药的农业(也称作"石油农业"),会对环境、资源以及人体健康构成危害,并且这种危害具有隐蔽性、累积性和长期性的特点。

20世纪70年代初,由美国扩展到欧洲和日本的限制化学物质过量投入以保护生态环境和提高食品安全性的"有机农业"思潮影响了许多国家。一些国家开始采取经济措施和法律手段,鼓励、支持本国开发和生产无污染食品。自1992年联合国在里约热内卢召开环境与发展大会后,许多国家从农业着手,积极探索农业的可持续发展模式,减缓"石油农业"给环境和资源造成的严重压力。美国、日本和澳大利亚等发达国家及欧洲发达国家和一些发展中国家纷纷加快了生态农业的研究。目前,全球有机种植面积每年以10%~20%的发展速度递增,发达国家有机食品贸易额每年以25%~30%的发展速度递增。奥地利、瑞士、瑞典、英国、卢森堡及德国等国家的绿色食品市场最为发达。

1911年,美国威斯康星州立大学教授F. King写了《四千年农夫——中国、朝鲜和日本的永续农业》,对之后的可持续农业和有机农业起到了启蒙作用。

1972年,在斯德哥尔摩联合国"人类环境"会议上,首次提出"生态农业(biological farming)"发展战略。随后,很多国家提倡在食品生产中树立食品安全思想,生产无污染、安全的食品。此后,许多国家相继生产开发生态食品或有机食品。

1972年,国际有机农业运动联盟(IFOAM)在德国设立,成为全球推广有机农业的中心。在IFOAM的推动下,有机农业得到迅速发展。日本于1971年成立了有机农业研究会,开始对一些农产品使用"有机"(或者"自然")标志。

(2)国内背景 国际可持续农业的兴起及世界对食品安全的高度重视,对我国食品安全生产起到了启发和促进作用。改革开放以来,我国农业快速发展,人们对食物的需求也逐渐由对数量的需求转移到对营养与安全的需求。为此,农业部于1989年开始发展安全营养食品,并将其定名为"绿色食品"。1990年亚运会期间,黑龙江农垦系统推出80多种绿色食品,深受消费者欢迎,显示了强大的市场竞争能力;1990年,农业部成立国家绿色食品开发办公室并制定工作规划，确定生产标准、生产操作规程和检验规定；1992 年，中国绿色食品发展中心正式成立，建立绿色食品管理体系，该中心负责绿色食品标志申请注册；1993 年，中国绿色食品发展中心正式加入国际有机农业运动联盟（IFOAM）；1996 年 5 月，中国绿色食品协会成立。

3. 绿色食品在我国的发展历程

1990 年 5 月 15 日，我国正式宣布开始发展绿色食品。

第一阶段，从农垦系统启动的基础建设阶段（1990—1993 年）。1990 年，绿色食品工程在农垦系统正式实施。在绿色食品工程实施后的三年中，完成了一系列基础建设工作，主要包括：在农业部设立绿色食品专门机构，并在全国省级农垦管理部门成立了相应的机构；以农垦系统产品质量监测机构为依托，建立起绿色食品产品质量监测系统；制订了一系列技术标准，制订并颁布了《绿色食品标志管理办法》等有关管理规定；对绿色食品标志进行商标注册；加入了“国际有机农业运动联盟”组织。与此同时，绿色食品开发也在一些农场快速起步，并不断取得进展。1990 年绿色食品工程实施的当年，全国就有 127 个产品获得绿色食品标志商标使用权。1993 年全国绿色食品发展出现第一个高峰，当年新增产品数量达到 217 个。

第二阶段，向全社会推进的加速发展阶段（1994—1996 年）。这一阶段绿色食品发展呈现出 5 个特点：①产品数量连续两年高增长；②农业种植规模迅速扩大；③产量增长超过产品个数增长；④产品结构趋向居民日常消费结构；⑤县域开发逐步展开。

第三阶段，向社会化、市场化、国际化全面推进阶段（1997 年至今）。绿色食品社会化进程加快主要表现在：中国许多地方的政府和部门进一步重视绿色食品的发展；广大消费者对绿色食品认知程度越来越高；新闻媒体主动宣传、报道绿色食品；理论界和学术界也日益重视对绿色食品的研究探讨。

总的来看，发展绿色食品已成为我国农产品质量安全管理的重要内容，为推动农业标准化生产、提升农产品质量安全水平、保障绿色优质农产品供给，保护农业生态环境、促进农业绿色发展，促进农业增效、农民增收和精准扶贫发挥了示范带动作用。

二、绿色食品标志和编号

1. 绿色食品标志

绿色食品标志是中国绿色食品发展中心在国家工商行政管理局商标局正式注册的质量证明商标。绿色食品标志商标专用权受《中华人民共和国商标法》保护。绿色食品商标已在国家知识产权局商标局注册的有以下 10 种形式（图 2-2）。

图 2-2 绿色食品十种商标

2. 绿色食品标志的含义

绿色食品标志由特定的图形来表示。

绿色食品标志(图 2-3)由三部分构成,即上方的太阳、下方的叶片和中心的蓓蕾。标志为正圆形,意为保护。整个图形描绘出了明媚阳光照耀下的和谐生机,告诉人们绿色食品正是出自纯净、良好生态环境的安全无污染食品,能给人们带来蓬勃的生命力。绿色食品标志还提醒人们要保护环境,通过改善人与环境的关系,创造自然界新的和谐。

图 2-3　绿色食品标志

3. 绿色食品编号及其含义

绿色食品标志使用申请被中国绿色食品发展中心审核批准后,颁发许可绿色食品标志使用证书的同时,对获得证书的每一个产品给予一个字母和数字组成的编号。

绿色食品标志、文字和使用标志的企业信息码,组成整体的绿色食品标志系列图形。该系列图形应严格按规范设计,出现在产品包装(标签)的醒目位置,通常置于最上方,和整个包装(标签)保持一定的比例关系,不得透叠其他色彩图形。企业信息码应以该企业获得的标志许可使用证书为准,其后附“经中国绿色食品发展中心许可使用绿色食品标志”的说明,并须与标志图形出现在同一视野。

企业信息码(GF××××××××××××)是中国绿色食品发展中心赋予每个绿色食品企业的唯一数字编码,应与《绿色食品标志使用证书》上的企业信息码相一致,并在产品包装上体现。绿色食品商标标志与企业信息码的组合有 7 种形式供选择(图 2-4)。底色为白色时,图形和文字应为绿色。企业信息码的下方可标注“经中国绿色食品发展中心许可使用绿色食品标志”字样。

如:GF010406301234,其表达的意思是:

GF	××	××	××	××	××××
绿标产品	批准省份	当年批准编号	年份	月份	批准序号

三、绿色食品标准

绿色食品标准是推广先进生产技术,提高绿色食品生产水平的指导性技术文件。绿色食品标准要求产品质量达到绿色食品产品标准,为产品达标提供了先进的生产方式和生产技术指标,是维护绿色食品生产者和消费者利益的技术和法律依据。

绿色食品标准是以我国国家标准为基础,参照国际标准和国外先进标准制定的,既符合我国国情,又具有国际先进水平。绿色食品标准由基础性标准和产品标准两部分组成。目前,经农业农村部颁布的有关产地环境、生产过程、产品质量、贮藏运输等涉及绿色食品全程质量控制各个环节的农业行业标准共 90 余项,形成了一套较为完整的标准体系,为绿色食品开发、认证和管理工作提供了有力的技术保障。

图 2-4　绿色食品商标标志与企业信息码的组合

1. 绿色食品产地环境质量标准

《绿色食品　产地环境调查、监测与评价规范》(NY/T 1054—2021)规定了产地的空气质量标准、农田灌溉水质标准、渔业水质标准、畜禽养殖用水标准和土壤环境质量标准的各项指标以及浓度限值、监测和评价方法，提出了绿色食品产地土壤肥力分级和土壤质量综合评价方法。

2. 绿色食品生产技术标准

绿色食品生产过程的控制是绿色食品质量控制的关键环节。绿色食品生产技术标准是绿色食品标准体系的核心，它包括绿色食品生产资料使用准则和绿色食品生产技术操作规程两部分。这类标准有：

- NY/T 392—2023　绿色食品　食品添加剂使用准则
- NY/T 393—2020　绿色食品　农药使用准则
- NY/T 394—2023　绿色食品　肥料使用准则

• NY/T 471—2023　绿色食品　饲料及饲料添加剂使用准则
• NY/T 472—2022　绿色食品　兽药使用准则
• NY/T 473—2016　绿色食品　畜禽卫生防疫准则
• NY/T 755—2022　绿色食品　渔药使用准则

3. 绿色食品产品标准

绿色食品产品标准是绿色食品标准体系的重要组成部分，是衡量绿色食品最终产品质量的尺度，是绿色食品内在质量的主要标志。它虽然跟普通食品的国家标准一样规定了食品的外观品质、营养品质和卫生品质等内容，但其卫生品质要求高于普通食品国家标准，主要表现在对农药残留和重金属的检测项目种类多、指标严。而且，使用的主要原料必须是来自绿色食品产地的、按绿色食品生产技术操作规程生产出来的产品。这类标准有（NY/T 743—2020）《绿色食品　绿叶类蔬菜》等一百多个标准。

4. 绿色食品包装标签标准

该标准规定了进行绿色食品产品包装时应遵循的原则，包装材料选用的范围、种类，包装上的标识内容等，即（NY/T 658—2015）《绿色食品　包装通用准则》

绿色食品产品标签，除要求符合国家《预包装食品标签通则》外，还要求符合《中国绿色食品商标标志设计使用规范手册》规定，该手册对绿色食品的标准图形、标准字形、图形和字体的规范组合、标准色、广告用语以及在产品包装标签上的规范应用均做了具体规定。

5. 绿色食品贮藏运输标准

（NY/T 1056—2021）《绿色食品　贮藏运输准则》对绿色食品贮运的条件、方法、时间做出规定，以保证绿色食品在贮运过程中不遭受污染、不改变品质，并有利于环保、节能。

6. 绿色食品其他相关标准

包括“绿色食品生产资料”认定标准、“绿色食品生产基地”认定标准等，这些标准都是促进绿色食品质量控制管理的辅助标准。

任务 2　绿色食品申报

一、绿色食品申报条件

1. 申请人必备的条件

根据《绿色食品标志管理办法》第十一条规定，申请使用绿色食品标志的生产单位（以下简称“申请人”），应当具备下列条件：

（1）能够独立承担民事责任；

（2）具有绿色食品生产的环境条件和生产技术；

（3）具有完善的质量管理和质量保证体系；

（4）具有与生产规模相适应的生产技术人员和质量控制人员；

（5）具有稳定的生产基地；

（6）申请前三年内无质量安全事故和不良诚信记录。

2. 产品必备条件

根据《绿色食品标志管理办法》第九条规定，申请使用绿色食品标志的产品，应当符合《中国人民共和国食品安全法》和《中华人民共和国农产品质量安全法》等法律法规规定，在国家知识产权局核定的范围内，并具备下列条件：

(1)产品或产品原料产地环境符合绿色食品产地环境质量标准；

(2)农药、肥料、饲料、兽药等投入品使用符合绿色食品投入品使用准则；

(3)产品质量符合绿色食品产品质量标准；

(4)包装贮运符合绿色食品包装贮运标准。

3. 产品申报范围

(1)按照产品分类标准分类的五大类产品，即：农林牧初级产品及加工产品、畜禽类产品、水产品、饮品类产品和其他产品。绿色食品是一个大食品概念，涵盖了全口径的食用初级产品和加工食品。

(2)以“食”或“健”字登记的产品可以申请认证。

(3)经卫计委公告既是药品也是食品的产品可以申请认证。

(4)暂不受理油炸方便面、叶菜类酱菜(盐渍品)、火腿肠及作用机理不清楚的产品(如减肥茶)的申请。

(5)绿色食品拒绝转基因技术，由转基因原料生产(饲养)加工的任何产品均不受理。

二、绿色食品申报所需材料

申请人向所在省(自治区、直辖市)绿色食品办公室(中心)(以下简称省绿办)提出认证申请时，应提交以下文件，每份文件一式两份，一份省绿办留存，一份报中国绿色食品发展中心。

(一)基础材料

(1)“绿色食品标志使用申请书”和“企业及生产情况调查表”(两份)。

(2)保证执行绿色食品标准和规范的声明。

(3)生产操作规程(种植规程、养殖规程、加工规程)。

(4)公司对“基地＋农户”的质量控制体系(包括合同、基地图、基地和农户清单、管理制度)。

(5)产品执行标准。

(6)产品注册商标文本(复印件)。

(7)企业营业执照(复印件)。

(8)企业质量管理手册。

(9)提供产品包装标签及取得绿标后的产品包装标签设计样稿。

(10)要求提供的其他材料。

(二)其他材料

对于不同类型的申请企业，依据产品质量控制关键点和生产中投入品的使用情况，还应分别提交以下材料：

(1)矿泉水企业提供卫生许可证、采矿许可证及专家评审意见复印件。

(2)对于野生采集的申请企业，提供当地政府为防止过度采摘、水土流失而制定的许可采集管理制度。

(3)对于屠宰企业,提供屠宰许可证复印件。

(4)从国外引进农作物及蔬菜种子的,提供由国外生产商出具的非转基因种子证明文件原件及所用种衣剂种类和有效成分的证明材料。

(5)提供生产中所用农药、商品肥料、兽药、消毒剂、渔用药、食品添加剂等投入品的产品标签原件。

(6)生产中使用商品预混料的,提供预混料产品标签原件及生产商生产许可证复印件;使用自产预混料(不对外销售),且养殖方式为集中饲养的,提供生产许可证复印件;使用自产预混料(不对外销售),但养殖管理方式为"公司＋农户"的,提供生产许可证复印件、预混料批准文号及审批意见表复印件。

(7)外购绿色食品原料的提供有效期为一年的购销合同和有效期为三年的供货协议,并提供绿色食品证书复印件及批次购买原料发票复印件。

(8)企业存在同时生产加工主原料相同和加工工艺相同(相近)的同类多系列产品或平行生产(同一产品同时存在绿色食品生产与非绿色食品生产)的,提供从原料基地、收购、加工、包装、贮运、仓储、产品标识等环节的区别管理体系。

(9)原料(饲料)及辅料(包括添加剂)是绿色食品或达到绿色食品产品标准的相关证明材料。

(10)企业准备照相机,便于检查员实地检查时照相备案。

三、绿色食品申报材料的准备

申请人准备的所有绿色食品申报材料要装订成册,并编制页码,附目录,缺一项不予受理。

(一)"绿色食品标志使用申请书"和"企业及生产情况调查表"

1. 填报要求

申请人用钢笔、签字笔如实填写《绿色食品标志使用申请书》《企业及生产情况调查表》中内容,或用A4纸打印。字迹要整洁、术语要规范、印章要清晰、不得有涂改;一份《绿色食品标志使用申请书》和《企业及生产情况调查表》只能填报一个产品;所有表格栏目不得空缺,如不涉及本项目,应在表格栏目内注明"无";如表格栏目不够,可附页,但附页必须加盖公章;所有表格及材料签字处要签字,加盖公章处要盖章。

2. 填报注意事项

(1)绿色食品标志使用申请书填报注意事项如下:

①产品特点简介:如实填写该产品主要特点、加工工艺、内在质量、成分、市场占有率等。

②原料环境简介:主要介绍该产品(或产品原料)来自什么样的生态环境、简单叙述原料基地地理位置、地理地貌、气候特点等。

(2)企业及生产情况调查表主要包括生产企业概况表、农药与肥料使用情况表、畜(禽、水产品)饲养(养殖)情况表、加工产品生产情况表4项。

☞生产企业概况表

①"产品名称"栏应填写商品名(即产品包装上的名称),不可将一类产品(如蔬菜、水果、茶叶等)作为申请认证产品名称;对于原料配方基本一致、加工工艺相同或相近的系列加工产品(如系列大米、系列食用油)或同一产品申请在多个商标上使用的,可以以系列产品名称填写一份申请书,但在表后要附报系列产品清单(包括产品名称、商标、申请认证产量和包装规格);

“产品名称”内不可多个产品混填。

②生产规模。设计生产规模按照企业最大设计生产量来填写，生产规模填写当年（申请认证的）生产量，应以“t”为单位。要注意的是下面的销售量不得大于年生产规模。

③原料供应单位情况。原料生产单位要具体填写单位名称，经济性质主要是原料供应单位的所有制形式；供应形式为申请认证企业与生产基地或原料供应单位间的关系，一般为“自产自销”“公司＋基地＋农户”“合同收购”“协议供应”“订单农业”等形式；原料供应单位的年生产规模为原料种植面积，应用“亩”来表示；年供应量为原料提供量，用“t”来表示。

对于畜禽、水产类申请认证企业，原料的供应包括两部分，即畜禽、水产品供应单位，饲料（饵料）供应单位。（不符合以上要求的，补报材料。）

☞**农药与肥料使用情况表**

该表应填写种植业产品、产品原料的种植情况、畜产品饲料原料的种植情况，该表由原料生产单位填写、加盖公章并负责表中内容的真实性。

①种植面积及年生产量。主要指该农作物的种植面积及年生产量，要与生产企业概况表里面的原料供应情况一栏相符。

②农药使用情况。“主要病虫害”一栏填写当年发生的病、虫、草害；“农药名称”要填写通用名称，“剂型规格”填写“××%的××乳油（悬浮剂/水分散粒剂）”，目的应为防治某某虫害或病害，使用方法上对于大田作物（包括蔬菜），农药“每次用量”单位应用 g(mg)/亩或 L(mL)/亩，不得用稀释倍数；对于果树、啤酒花，用稀释倍数；拌种用药单位以 g(mL)/kg 种子（或‰）表示；末次使用时间指的是蔬菜等多次采摘的作物要标明安全间隔期（施用农药与产品采收间隔的天数）。每项都必须填写，不得涂改（如属笔误，进行杠改）。（不符合以上要求的重新填报。）

③肥料使用情况。填写所使用的有机肥料、化肥和微生物肥。使用方法一般为基肥、追肥和叶面肥，并如实填写施用时间、每次用量和全年总的施入量。有机肥和化肥的比例要控制在 1 000∶10 的范围内。使用氮肥或氮磷钾复混（合）肥的，要注明氮肥的种类，并提供商品肥标签（比例表）。

审查评判：

1. 不符合上述填写规范的，分别按“重新填报”或“补充材料”处理；

2. 附报材料中，缺农药、肥料标签的，要“补充材料”；

3. 凡属下列任一情况的，按“不通过处理”：

农药使用：

①农药使用与主要病虫害（防治对象）不相符；

②使用无三证农药（农药登记证、农药生产许可证或农药生产批准文件号、农药标准证号）；

③使用绿色食品禁用农药（包括有机合成的植物生长调节剂）；

④农药用量超标；

⑤农药使用次数超标，包括使用混配（有机合成）农药中，含有已使用过的同种农药成分；

⑥末次使用日与收获日之间的间隔期小于该农药规定的安全间隔期。

肥料使用：

①只施用化肥、不施用有机肥；

②使用硝态氮肥或含有硝态氮肥的复混(合)肥；

③使用稀土肥料。

☞畜(禽、水)产品饲养(养殖)情况表

该表由饲养(养殖)单位填写、加盖公章并负责表中内容的真实性。

①饲养规模。主要指该畜禽产品的饲养(养殖)量，要与生产企业概况表里面的原料供应情况一栏相符。

②饲料构成情况。要根据不同饲养阶段构成情况分别填写。“成分名称”栏应将饲料成分(包括预混料及具体配方)全部列出，不得用“其他”等含糊字栏；比例填写用百分数(%)表示，依据用量大小从大到小填写，而且所有比例相加应等于100%；“来源”详细填写来自什么地方、什么企业，不可用“外购”“来自基地”等含糊术语。

③药剂使用情况。应详细填写所用药剂(包括疫苗、消毒剂)的使用情况；“使用量”单位用“mg(万单位)/kg(体重)或g(mg)/L”；要注明使用方法、停药期等，每项都必须填写，不得涂改。

审查评判：

1. 填写不完整、不规范；缺填表人签字；填写单位及公章单位不符。

2. 下列情况需补充材料：

①饲养规模小于申请认证产品规模。

②饲料：a. 成分不全，比例相加不到100%；b. 饲料成分不明确；c. 饲料量不足。(供应量少于需求量，低于饲养量。)

③预混料：a. 无产品标签；b. 无三年购销合同(协议)及批次购买发票复印件。

④使用药剂：a. 不全，缺少动物常见疾病及防治方法；b. 使用剂量填写不规范，如“10g/头”“3瓶”；c. 未注明使用方法、停药期等。

3. 下列情况不予通过：

①饲料成分名称、比例及药剂使用情况栏目随意涂改。

②饲料

a. 饲料中绿色食品(副产品)或通过绿色食品全程质量控制的成分相加不到90%；

b. 饲料成分中可能有转基因的原料(如棉籽壳、进口豆粕)；

c. 反刍动物饲料中使用了以哺乳动物为原料的动物性饲料产品(如骨粉等)；

d. 饲料中使用了工业合成油脂或畜禽粪便。

③预混料、饲料添加剂

a. 添加了无生产许可证和生产批号的预混料；

b. 预混料中添加了绿色食品禁用的添加剂(如乙氧基喹啉、人工合成的着色剂、药物性添加剂等)；

c. 饲料添加剂使用量超标。

④使用药剂

a. 使用的药剂与用途不符，如抗菌剂在“用途”栏填写“防治寄生虫”；

b. 使用了绿色食品禁止使用的药剂；

c. 使用药剂对象超出了限定范围；

d. 使用药剂超出了限定的使用方法；

e. 使用剂量超标；

f. 末次使用与宰杀(挤奶、捕捞)时间间隔小于停药期。

说明：

1. 绿色食品饲料添加剂使用准则中规定“不应使用任何药物性饲料添加剂”包括中药。

2. 农业部2002年发布通知，在所有食品动物上禁用抗菌药泰乐菌素，绿色食品生产中要执行。

3.《绿色食品兽药使用准则》“停药期”中“×天”是指肉用畜禽停止用药到允许上市销售的间隔时间；“奶废弃期×天”是指奶牛产奶期可用药；但用药后×天内的奶不能作为产品或原料；“产奶期(产蛋期)禁用”是指整个产奶(产蛋)期内禁用。

☞加工产品生产情况表

该表由产品生产加工单位填写、盖章并负责表中内容的真实性。

①产品名称、设计年产量、实际年产量应与生产企业概况表中产品名称、设计年产量、实际年生产量规模相一致。执行标准：有绿色食品产品标准的，必须执行绿色食品产品标准，没有绿色食品产品标准的执行国家标准，没有国家标准的执行企业标准(企业标准要在省级以上技术监督局和中国绿色食品发展中心备案)。

②原料基本情况。“名称”栏中应列出生产该产品所使用的全部原料、辅料名称，按用量由大到小填写；比例填写用百分数(%)表示，依据用量从大到小填写；而且所有比例相加应等于100%；用量以“t”为单位来填写；“来源”详细填写来自什么地方、什么企业，不可用“外购”“来自基地”等含糊术语。

③添加剂使用情况。“名称”栏不可缩写添加剂名称，不可填写“甜味剂”“色素”“香精”等集合名称，应填写通用名称；“用量”栏用千分数(‰)表示，不可用“kg”“g”等重量单位；“备注”栏内应注明添加剂品牌及生产单位，不得涂改，该表不可多个产品混填。

④加工工艺基本情况。要填写加工工艺流程简图以及主要设备名称、机型和制造单位名称。

审查评判：

①原辅料：a. 原料年供给量“小于实际年产量”；b. 原料年用量与产品“实际年产量”间无损耗率(增长率)；c. 无法判定辅料是否达到绿色食品产品标准。

②执行标准：a. 无或不明确；b. 已发布绿色食品产品标准的产品，仍执行国家标准、行业标准、地方标准或企业标准。

③缺添加剂产品标签。

④添加剂名称不规范，无法判定其有效成分。

下列情况不予通过：

①主原料来源不符合有关规范要求。

②添加剂：

a. 使用了绿色食品禁用的添加剂(包括绿色食品相应产品标准中“不得检出”的添加剂)，或复合添加剂中，含有绿色食品禁用的成分；

b. 添加剂使用超出了限定范围；

c. 添加剂使用量超标。

绿色食品标志使用申请书具体实例(以种植产品为例)

CGFDC-SQ-01/2019

绿色食品标志使用申请书

初次申请□　续展申请☑　增报申请□

申请人(盖章)　××××××农业科技开发有限公司

申 请 日 期　2022 年　××　月　××　日

中国绿色食品发展中心

填写说明

一、本申请书一式三份，中国绿色食品发展中心、省级工作机构和申请人各一份。

二、本表应如实填写，所有栏目不得空缺，未填部分应说明理由。

三、本申请书无签名、盖章视为无效。

四、申请书的内容可打印或用蓝、黑钢笔或签字笔填写，语言规范准确、印章（签名）端正清晰。

五、申请书可从中国绿色食品发展中心网站下载，用A4纸打印。

六、本申请书由中国绿色食品发展中心负责解释。

一、申请人基本情况

申请人(中文)	××××××农业科技开发有限公司				
申请人(英文)					
联系地址	昌吉××××××工业园			邮编	830011
网址	www.××××××.com				
统一社会信用代码	916523015564××××××				
食品生产许可证号	SC11265230××××××				
商标注册证号	16××××××;23××××××				
企业法定代表人	×××	座机	0994×××××××	手机	1899×××××××
联系人	×××	座机	0994×××××××	手机	1859×××××××
内检员	×××	座机	—	手机	1356×××××××
传真	—	E-mail	×××××××@qq.com		
龙头企业	国家级□　省(市)级☑　地市级□				
年生产总值(万元)	1 000	年利润(万元)	150		
申请人简介	××××××农业科技开发有限公司成立于2010年7月,位于昌吉市××××××工业园,法人代表×××,注册资金5 000万元,占地面积53 600 m²,是一家专业从事糯玉米和鲜食葡萄的种植、加工、保鲜贮藏及销售为一体的现代化农业科技型企业,为昌吉回族自治州农业产业化重点龙头企业。				

注:申请人为非商标持有人,需附相关授权使用的证明材料。

二、申请产品基本情况

产品名称	商标	产量(t)	是否有包装	包装规格	绿色食品包装印刷数量	备注
××玉米	×××	460	是	400 g/袋	80 万条	续展
××玉米方便粥	×××	80	是	300 g/袋	100 万条	增报

注:续展产品名称、商标变化等情况需在备注栏中说明。

三、申请产品销售情况

产品名称	年产值(万元)	年销售额(万元)	年出口量(t)	年出口额(万美元)
××玉米	560	515	0	0
××玉米方便粥	200	160	0	0

填表人(签字):××× 内检员(签字):×××

注:内检员适用于已有中国绿色食品发展中心注册内检员的申请人。

CGFDC-SQ-02/2022

种植产品调查表

申请人(盖章) ××××××农业科技开发有限公司

申 请 日 期 ×××× 年 ×× 月 ×× 日

中国绿色食品发展中心

填表说明

一、本表适用于收获后，不添加任何配料和添加剂，只进行清洁、脱粒、干燥、分选等简单物理处理过程的产品（或原料）。如原粮、新鲜果蔬、饲料原料等。

二、本表一式三份，中国绿色食品发展中心、省级工作机构和申请人各一份。

三、本表应如实填写，所有栏目不得空缺，未填部分应说明理由。

四、本表无盖章、签字无效。

五、本表的内容可打印或用蓝、黑钢笔或签字笔填写，语言规范准确、印章（签名）端正清晰。

六、本表可从中国绿色食品发展中心网站下载，用 A4 纸打印。

七、本表由中国绿色食品发展中心负责解释。

一、种植产品基本情况

作物名称	种植面积（万亩）	年产量(t)	基地类型	基地位置(具体到村)
××玉米	0.16	825	A	昌吉××××××

注：基地类型填写自有基地(A)、公司＋合作社＋农户(B)、绿色食品原料标准化基地(C)。

二、产地环境基本情况

产地是否远离工矿区和公路铁路干线？	是
产地周围 5 km，主导风向的上风向 20 km 内是否有工矿污染源？	无
绿色食品生产区域和常规生产区域之间是否有缓冲带或物理屏障？请具体描述。	无常规原料

注：相关标准见《绿色食品 产地环境质量》(NY/T 391)和《绿色食品　产地环境调查、监测与评价规范》(NY/T 1054)。

三、种子(种苗)处理

种子(种苗)来源	内地种子公司合法化购买
种子(种苗)是否经过包衣等处理？请具体描述处理方法	未经过包衣处理，播前晒种
播种(育苗)时间	播种期为 4 月下旬至 5 月底

注：已进入收获期的多年生作物不填写本表(如果树、茶树等)。

四、栽培措施和土壤培肥

采用何种耕作模式(轮作、间作或套作)?请具体描述	轮作		
采用何种栽培类型(露地、保护地或其他)?	膜下滴灌		
是否休耕?	否		
秸秆等有机物还田			
名称	**来源**	**年用量(t/亩)**	**无害化处理方法**
堆肥	附近养殖场	3	腐熟

注:"秸秆等有机物还田"栏不限于表中所列品种,视具体使用情况填写。

五、有机肥使用情况

产品名称	肥料名称	年用量(t/亩)	商品有机肥有效成分氮磷钾总量(%)	有机质含量(%)	来源	无害化处理
玉米	生物有机肥	0.08	≥6%	≥50%	×××生物有机肥有限公司	工业生产

注:该表应根据不同产品名称依次填写,包括商品有机肥和饼肥。

六、化学肥料使用情况

产品名称	肥料名称	有效成分(%)			施用方法	施用量(kg/亩)
		氮	磷	钾		
玉米	无	—	—	—	—	—

注:1. 相关标准见《绿色食品 肥料使用准则》(NY/T 394);
2. 该表应根据不同产品名称依次填写;
3. 该表包括有机-无机复混肥使用情况。

七、病虫草害农业、物理和生物防治措施

当地常见病虫草害	虫害:地老虎、玉米螟 草害:蒲公英、狗尾草、马齿苋
简述减少病虫草害发生的生态及农业措施	控制虫害采用虫情测报灯监测,采用性引诱剂物理捕虫,悬挂黄板等。 采用膜下滴灌方式控制草害,采用人工除草方式除草。
采用何种物理防治措施?请具体描述防治方法和防治对象	利用夜蛾科害虫的趋光性,使用自制捕虫器配合性引诱剂起到捕虫效果,利用黄板捕杀蚜虫等,利用高频杀虫灯诱杀害虫。
采用何种生物防治措施?请具体描述防治方法和防治对象	采用赤眼蜂防治害虫。

注:若有间作或套作作物,请同时填写其病虫草害防治措施。

八、病虫草害防治农药使用情况

作物名称	农药名称	防治对象
玉米	无	—

注：1. 相关标准见《农药合理使用准则》(GB/T 8321)、《绿色食品　农药使用准则》(NY/T 393)；
2. 若有间作或套作作物，请同时填写其病虫草害农药使用情况；
3. 该表应根据不同产品名称依次填写。

九、灌溉情况

作物名称	是否灌溉	灌溉水来源	灌溉方式	全年灌溉用水量(t/亩)
玉米	是	天山雪水	滴灌	400

十、收获后处理及初加工

收获时间	10月初
收获后是否有清洁过程？请描述方法	喷淋清洗
收获后是否对产品进行挑选、分级？请描述方法	人工挑选，整理分级
收获后是否有干燥过程？请描述方法	否
收获后是否采取保鲜措施？请描述方法	真空包装，高温杀菌
收获后是否需要进行其他预处理？请描述过程	人工剥皮
使用何种包装材料？包装方式？	食品级高温蒸煮袋，真空包装
仓储时采取何种措施防虫、防鼠、防潮？	灭蝇灯，防鼠板，捕鼠笼，灭鼠夹，黄板，地暖防潮
请说明如何防止绿色食品与非绿色食品混淆？	分区码放隔离

十一、废弃物处理及环境保护措施

废弃物	处理措施
地膜	采用可降解地膜
玉米秸秆	作为肥料由收割机打碎秋翻入地，无其他废弃物。

填表人(签字)：×××　　　　内检员(签字)：×××

注：内检员适用于已有中国绿色食品发展中心注册内检员的申请人。

(二)保证执行绿色食品标准和规范的声明

1. 填报要求

声明内容应包括申报企业保证《绿色食品标志续展申请书》中填写的内容和提供的有关材料全部真实、准确;保证申报产品严格按绿色食品技术标准、技术规范及标志管理要求组织生产、加工和销售,而且包括企业接受中国绿色食品发展中心组织实施的认证检查和企业年度检查等监督管理措施,并接受中国绿色食品发展中心的决定意愿等内容;由法人代表(签字),申请企业盖章。

2. 具体实例

保证声明

我单位已仔细阅读《绿色食品标志管理办法》有关内容,充分了解绿色食品相关标准和技术规范等有关规定,自愿向中国绿色食品发展中心申请使用绿色食品标志。现郑重声明如下:

1. 保证《绿色食品标志使用申请书》中填写的内容和提供的有关材料全部真实、准确,如有虚假成分,我单位愿承担法律责任。

2. 保证申请前三年内无质量安全事故和不良诚信记录。

3. 保证严格按《绿色食品标志管理办法》、绿色食品相关标准和技术规范等有关规定组织生产、加工和销售。

4. 保证开放所有生产环节,接受中国绿色食品发展中心组织实施的现场检查和年度检查。

5. 凡因产品质量问题给绿色食品事业造成的不良影响,愿接受中国绿色食品发展中心的决定,并承担经济和法律责任。

法定代表人(签字):××× **申请人(盖章)**

××××年××月××日

（三）生产操作规程

1. 种植规程填报要求

（1）种植规程应依据当地实际情况而制定，具有科学性和可操作性；不能用地方标准或技术资料的复印件，也不能以无公害的种植规程来代替；种植规程制定出来后由申报企业和种植负责单位加盖公章进行认可并负责实施。

（2）规程要执行绿色食品农药、肥料使用准则，内容应详细，应包括：立地（建园）条件，品种和茬口（包括轮作方式），育苗与移栽，种植密度，田间管理（肥、水），病虫草害的防治，亩产量，收获及贮存条件和具体实施时间。

（3）规程的制定要体现绿色食品生产特点。病虫草害防治应以生物、物理和机械方法为基础；施肥应以有机肥为基础；农药使用应注明名称、剂型、规格、用量、方法、使用次数及安全间隔期。

说明：规程中应写明作物的品种，尤其是可能涉及转基因的作物品种。有关病虫草害及防治要求说明当地近年来常见的病虫草害种类及防治方法，防治方法要具体，对生产要有指导作用（可操作），不可笼统地写，严禁使用剧毒、高毒、高残留或具有“三致”毒性的农药。

2. 饲养（养殖）规程填报要求

（1）饲养（养殖）规程应依据当地实际情况而制定，具有科学性和可操作性；不能用地方标准或技术资料的复印件，也不能以无公害的饲养（养殖）规程来代替；饲养（养殖）规程制定出来后由申报企业和饲养（养殖）负责单位加盖公章进行认可并负责实施。

（2）规程要执行绿色食品饲料及饲料添加剂使用准则、兽药使用准则、动物卫生准则、渔药使用准则，内容应详细，应包括：养殖场所卫生环境条件、环境消毒、饲料、饲料添加剂、饲料加工、防疫、体内外寄生虫及疾病防治、屠宰、检疫、仓储、运输、包装及生产管理等环节。

（3）规程的制定应体现绿色食品生产特点。以预防为主，优先建立严格的生物安全体系，改善饲养环境、加强饲养管理、增强动物自身的抗病力。

（4）饲料及饲料添加剂使用应根据动物各生长阶段营养需要合理调配；药剂的使用应注明品种、剂型、使用方法、使用剂量及停药期；疫病、寄生虫要求说明当地常见或可能发生的种类及其防治措施；国家强制性防治的疫病必须在规程中列出。

3. 加工规程填报要求

（1）该规程由申报企业依据本企业、本产品实际加工情况而制定，具有科学性和可操作性；规程制定出来后，正式打印、加盖公章并负责实施；

（2）加工规程内容应包括：原料和辅料来源、验收、储存及预处理方法；生产工艺及主要技术参数，如温度、浓度、杀菌方法、添加剂的使用；主要设备及清洗方法；包装、仓储及成品检验制度；原、辅料比例。

（3）添加剂应注明品种、用途、使用量；使用量用千分数（‰）表示；生产工艺和技术参数中注明“吨耗率”，即生产 1 t 产品所需要的原料量。

4. 具体实例

糯玉米绿色种植技术规程

按照《NY/T 418—2023 绿色食品　玉米及其制品》，结合品种特性、本地生产条件和往年生产中的经验教训，制定本规程如下：

一、范围

本标准规定了绿色糯玉米种植技术指标及采摘要求。

糯玉米也叫黏玉米，是一种十分受欢迎的粮食兼蔬菜作物。糯玉米的胚乳全部由支链淀粉组成，食用消化率比普通玉米高20%以上。糯玉米具有较高的黏滞性和适口性，营养丰富，含有较多的赖氨酸、谷氨酸、清蛋白和胶蛋白。

二、绿色糯玉米栽培技术要点

（一）品种选择

绿色糯玉米种植选择种子时，应选择抗病性强的优良种子。

（二）隔离种植

糯玉米的糯质特性受隐性基因控制，开花吐丝期如果有外来其他类型玉米花粉侵入，授了其他类型玉米花粉的玉米籽粒就会失去应有的糯质特性，变成普通玉米，从而失去其应有的品质。这是隔离种植的主要目的。为保证糯玉米的食用品质，在选地种植时，要与其他类型玉米品种严格隔离，避免因相互串粉而降低品质。隔离方法生产上采用空间隔离和时间隔离，以空间隔离为好。

（1）空间隔离　要求在种植区外围300～400 m范围内不栽种其他类型玉米品种，如有林木、山岗等天然屏障，可适当缩短隔离间距。

（2）时间隔离　若不能进行空间隔离，则应采取时间隔离（错开播种期）的方法来避免与其他品种的玉米花期相遇，两个不同类型玉米品种的播种期间隔时间一般为20～30 d。如大面积成片种植糯玉米，可适当降低隔离标准。总之，以不使两类玉米花粉相遇为原则。

（三）精细整地

一般要求播种区内地面平整，土壤松碎，无大土块，表土层上虚下实。耕翻20～30 cm，耙碎整平。结合耕翻施足基肥，一般每亩施农家肥1 000～1 500 kg。

（四）分期播种，前伸后延，均衡上市

最早播期，地表5 cm的地温稳定在12 ℃以上的日期，可提早10～15 d播种；最迟播期，保证鲜穗采收期气温在18 ℃以上的日期。大田春播宜在4月上旬至5月上旬以防开花期受冷害不实。要足墒播种，墒情不足要造墒播种。每穴2～3粒，下种后应及时覆土并精细平整畦面，播种深度4 cm左右。

（五）合理密植

宽窄行种植，宽行80 cm，窄行40 cm；或60 cm等行距种植，株距20～25 cm。3～4叶期间苗，5～6叶期定苗，间定苗的原则是除大、除小、留中间，保证全田幼苗均匀一致，每

亩留苗 4 000 株左右。早熟品种可密些，晚熟品种可稀些。

(六)田间管理

(1)适期间苗定苗，同时进行中耕除草。

(2)科学追肥。

分两次追肥，5～6 叶期每亩追施农家肥 10～15 kg，10～12 叶期每亩追施农家肥 15 kg 左右。每次施肥应结合松土、培土、清沟，进行中耕除草，尽量深施。

(3)浇好关键水，即拔节水、孕穗水、灌浆水。

(4)综合防治病虫草害，采用黄板及频振杀虫灯诱杀成虫。

(5)及时去除小分蘖和多余雌穗，并加强人工辅助授粉。开花授粉期遇高温干旱或连阴雨时，需进行人工辅助授粉。上午 9:00—10:00，人工用竹竿或者绳子拉动植株上部，以增加授粉量。

(七)适时采收

适时采收是保证鲜食糯玉米品质的关键。糯玉米鲜穗采收应在授粉后 20～25 d，此时风味佳，适口性好，是最佳采收期。采收后 24 h 内上市加工或青贮。一般清早或傍晚采收为佳。

(四)产品(原料)质量控制体系

1. 填报要求

(1)基地及农户管理制度　申报企业应建立一套详细的管理制度，确保基地农户(养殖户)严格按绿色食品要求进行生产。公司应建立一套科学合理的组织机构，明确机构的职责及主要负责人，应由该机构来组织、管理绿色食品生产，全面负责包括基地管理、技术指导、生产资料供应、监督、收购、加工、仓储、运输、销售等各个环节的各项工作。

公司应建立一套详细的培训制度，加强对干部、主要技术人员、基地农户有关绿色食品知识的培训。要求公司对基地和农户进行统一管理(即统一供应品种、统一供应生产资料、统一技术规程、统一指导、统一监督管理、统一收购、统一加工、统一销售)，各项管理措施要求详细，符合实际情况，并具可操作性；如公司委托第三方(技术服务部门)进行管理，需签订有效期为 3 年的委托管理合同，受托方按上述要求制定具体的管理制度。

(2)基地及农户清单　要求申报企业建立稳定的产品(产品原料)生产基地，并列出各基地名称、地址、负责人、电话、作物(或动物)品种、种植面积(养殖规模)、预计产量；基地要求具体到最小单元村(场)；公司应建立详细农户清单，包括所在基地名称、农户姓名、作物(动物)品种、种植面积(养殖规模)、预计产量；对于基地农户数超过 1 000 户的申请企业，可以只提供 1 个基地的农户清单样本，但企业必须以文字形式声明已建立了农户清单；企业应在基地周围选择合适的地方立牌，表示该基地为哪一家企业的绿色食品原料基地。

(3)原料收购合同(协议)　公司应与基地、农户(养殖户)签原料收购合同(协议)，合同(协议)有效期应为 3 年；合同(协议)条款中应明确双方职责，明确要求严格按绿色食品生产操作规程及标准进行生产，并明确监管措施，合同(协议)中应标明基地(农户)名称、作物(动物)品种、种植面积(养殖规模)、预计收购产量等。

(4)基地图　基地图在当地行政区划图基础上绘制，应清楚标明各基地方位及周边主要标志物方位。

审查评判

1. 下列情况需补充材料：

①规模。合同或基地(农户)名单提供的种植面积(养殖规模)及提供的产量大于或小于申请认证产品的规模的需补充材料。

②无质量控制体系或不完整,如缺基地(农户)合同(协议)、农户清单、基地图;缺组织机构图、管理制度。

③缺委托管理合同(有效期3年)、缺受委托管理单位对基地管理制度。

2. 下列情况要求重新制定：

①管理制度内容不全面。如缺技术指导、生产中投入品管理和监督管理制度。

②所有合同(协议)无有效期或有效期不足3年。

③基地图编制不规范。

3. 下列情况不予通过：

①基地管理制度或合同(协议)中有绿色食品禁用的投入品。

②基地管理制度中有公司转让绿色食品标志使用权的现象,如申请人本身不销售认证产品,而同意(授权)基地(农户)自行销售时使用绿色食品标志。

2. 具体实例

(1)绿色食品质量控制规范范例

××××××农业科技开发有限公司

绿色食品质量控制规范

目　录

1 绿色生产基地管理规程

1.1 范围

本规程规定了新疆×××××农业科技开发有限公司绿色生产基地的选择、产地环境条件、品种选择、田间管理、病虫害防治、收获等技术规范和要求。

1.2 基地建设的要求

尽可能地选择农民积极性高、土壤肥沃、四周环境良好、无污染的连片地块建立基地。被选定的地块从今年起完全按照绿色产品生产基地的规程和认证标准的要求进行耕种和管理。并按照绿色认证的要求，做好基地认证的各项准备工作(各项资料及申报材料)和申报认证工作。

1.2.1 基地规划

(1)要对基地的基本情况进行调查，了解当地的林果业生产气候条件、资源状况以及社会经济条件，明确当地适合种植的优势品种和绿色产品转换可能遇到的生产问题。

(2)在掌握基地基本状况的基础上，为基地制定具体的发展规划。制定生产基地建设的保障措施，如组织领导、资金投入等都要提前考虑，并作出相应决定。

1.3 人员培训

绿色农业是知识与技术密集型的农业，绿色农业生态工程牵涉的技术面广，因此为使绿色农业生产技术人员与生产人员了解并掌握绿色农业的生产原理与生产技术，邀请绿色农业及相应种植领域的专家对基地绿色农业生产相关人员和加工相关技术人员进行以下培训：绿色农业、绿色食品的基础知识，绿色农业生产的关键技术，选定作物的栽培技术，绿色食品国内外发展状况，绿色食品检查认证的要求，绿色产品营销策略。

1.4 基地田块制图

被选定的田块或基地相应地绘制出基地的位置图及每块地的地块详图，必须标明地块的形状、大小、具有代表性的参照物与周边普通地块的隔离情况、树林、排灌等(写清地块姓名、地块号、地块面积和种植作物品种、轮作)。

1.5 制定详细的绿色生产技术方案

绿色农业强调利用生态、自然的方法进行农业生产，禁止使用人工合成的化学品，因此绿色农业生产不是在问题出现后再试图去解决，而是要以预防为主，对作物的病虫草害防治要采用农业种植措施进行预防，再辅以适当的生物、物理、人工方法进行综合防治。这就要求在作物种植之前就应该制定绿色产品生产的技术方案，预测作物生长过程中可能出现的主要病虫害，并提出相应的防治对策。另外，绿色产品生产还强调实行科学的轮作计划和土壤培肥计划、生态保护计划、病虫害防治计划。

2 绿色生产基地环境检测

由国家认可的第三方检测中心对基地田块的土壤、灌溉用水、大气质量等进行环境监测。

土壤监测：符合《GB 15618—2018 土壤环境质量 农用地土壤污染风险管控标准(试行)》

灌溉用水：符合《农田灌溉水质标准》GB 5084—2021

大气质量：符合《环境空气质量标准》GB 3095—2012

3 绿色土壤培肥计划

3.1 目的

建立良好的生态系统，不断提高土壤肥力和生物活性，保证绿色肥料的科学合理使用，增强作物抗性。

3.2 施肥

3.2.1 施肥准则

(1)基地施肥，必须按照绿色食品产品标准规定允许使用的肥料种类施用绿色肥料，禁止使用任何化学合成的肥料。禁止使用城市垃圾、工矿废水、污泥及受农药、化学物质、病原体污染的各种绿色和无机废弃物。

(2)禁止使用未经腐熟的人粪尿、畜禽粪便，使用时必须经过无害化处理，以杀灭各种寄生虫虫卵、病原菌、杂草种子。

(3)使用绿色肥料时，原则上就地取材处理和施用。外来的绿色肥料应经过检验，符合要求后才能使用。商品绿色肥料必须查验有绿色认证机构的合格证书才允许使用。使用天然矿物肥料时，必须查明主成分、副成分、原产地、储运和包装等有关情况，确认无污染和符合绿色食品要求时，才能使用。

(4)无论采用何种绿色肥料，必须进行土壤分析，测定土壤质地、有机质含量、酸碱度、矿质营养元素(氮、磷、钾、钙等元素)含量，依据测试数据，对照标准参数，判断某种元素的盈亏程度，再制定出科学的施肥方案，由生产者实施。

3.2.2 基肥

(1)基肥是经高温发酵或沤制过的有机肥，包括堆肥、沤肥、沼气肥、绿肥、作物秸秆肥、泥肥和饼肥等。施肥要保证各种肥料的卫生指标、重金属和农药残留物等要符合标准要求。

(2)基肥施用要保证耕地前使用，以提高作物对肥料的吸收利用率，增加对养分的吸收和积累。基肥要深施，深度应达到 25 cm 以上，以确保作物根系的吸收。

(3)基肥必须保证足够的数量，一般基肥的用量不少于 1～1.5 t/亩，同时必须保证基肥的质量，既能改良土壤，又能缓慢地提供作物生长所需的营养物质。

3.3.1 增施叶面肥

叶面肥使用必须符合《绿色食品 肥料使用准则》，叶面肥的使用应注意晴天 18:00 后施用，阴天不限，如喷施后 2 天内下雨则必须重新喷施，并应经常检查作物是否发生缺素症，以便增施微量元素肥料。

4 绿色病虫草害防治计划

4.1 目的

从整个生态系统出发，以农业防治为基础综合运用物理防治和生物防治措施，降低病虫草害的危害程度。

4.2 绿色基地病虫草害综合控制技术原则

绿色农业是一种完全或基本不用人工合成的化肥、农药、除草剂、植物生长调节剂的农业生产体系。要求在最大的范围内尽可能依靠作物轮作、选用抗病虫品种、综合应用各种非化学手段控制作物病虫草害的发生。它要求每位绿色农业生产者从作物病虫草害等生态系统出发，综合应用各种农业的、生物的、物理的防治措施，创造不利于病虫草害滋生和有利于各类自然天敌繁衍的生态环境，保证农业生态系统的平衡和生物多样化，减少各类病虫草害造成的损失，逐步提高土地再利用能力，以达到持续、稳定增产的目的。

4.3　农业防治

4.3.1　生物控制病虫害

①保护与利用天敌，改善生态环境，保持生物多样性，为天敌提供转换宿主、繁殖和越冬的场所，以提高天敌有效控制虫害的能力。

②保护和利用当地绿色产品生产地块的草蛉、瓢虫和寄生蜂等天敌昆虫，以及蜘蛛、捕食螨、蛙类、蝙蝠和鸟类等有益生物，减少人为因素对天敌的伤害。

4.3.2　生态控制病虫害

(1)有计划地改善和改变生态环境，通过实施品种的合理布局，保持品种的多样性，以避免病害或虫害的大流行，减少损失。

(2)选用对当地主要病虫害抗性较强的品种，采取科学的管理技术，以减少病虫害的发生，创造有利于有益生物的生长的环境。

4.3.3　农业栽培措施

(1)轮作倒茬，建立合理的轮作制度，使土地用养结合。

(2)中耕除草，在苗期进行2～3次人工锄草，防止杂草的危害，在苗龄30～40日龄时进行间定苗，不留双苗，株距保持10～20 cm。

(3)加强土肥的管理，提高植株的抗病、耐害能力。每亩施绿色肥料1～1.5 t，培肥地力。

4.4　物理防治

4.4.1　根据害虫生物学特性，采用人工捕杀、糖醋液诱杀、灯光诱杀、色板诱杀等方法诱杀害虫。

4.5　药剂防治

4.5.1　在上述农业和物理防治仍不能奏效的情况下，允许有条件地使用生物源农药，如微生物源农药、植物源农药和动物源农药。

4.6　农药使用准则

4.6.1　禁止使用和混配化学合成的杀虫剂、杀菌剂、杀螨剂、除草剂和植物生长调节剂。

4.6.2　植物源农药宜在病虫害大量发生时使用；矿物源农药应严格控制在成熟季节使用。

4.6.3　绿色食品生产地块的用药必须由公司统一购买，严禁乱购乱买。

4.7　农药使用计划

4.7.1　当发生病虫害时只能允许使用绿色食品产品标准规定的农药类产品。绿色食品产品规定的农药不能满足控制病虫草害需要的情况下，允许使用以下农药及方法：

(1)可使用通过绿色认证的植物源杀虫剂、杀菌剂。

(2)释放寄生性、捕食性天敌动物、昆虫,如捕食螨、蜘蛛及昆虫病原线虫等。在害虫捕捉器中使用昆虫信息素及植物源引诱剂。

4.7.2 禁止使用绿色合成的化学杀虫剂、杀螨剂、杀线虫剂、除草剂和植物生长调节剂。

4.7.3 禁止使用生物源、矿物源农药中混配有机合成农药的各种制剂。

4.7.4 严禁使用基因工程品种(产品)及制剂。

5 绿色生产基地生态保护计划

5.1 目的

通过计划的实施,有效保护绿色生产基地的生态环境,减少病虫为害,保持水土。

5.2 途径

采取积极的措施,建立天敌的栖息地和保护带,保护生物多样性,保护植被。

5.3 管理与控制措施

5.3.1 在收获过程中必须培训收获人员,避免对地块周围的植被和树木等造成破坏和污染。应注意对生态系统的可持续性维护。只在计划规定的、明确的区域进行农事活动。

5.3.2 土、水保持:土壤和水资源应按照可持续发展方式管理。应采取各种措施避免水土流失、土壤盐碱化、过度和不合理利用水资源以及对地下水和地表水的污染,在农田不得使用秸秆焚烧的方法对土壤进行清洁。应采取措施防止水土流失。禁止对水资源的过度开发和利用。绿色生产管理者应制定管理制度和操作规程,以防止土地退化和对地下水及地表水的污染。应采取措施防止土壤和水的盐碱化。

5.3.3 与绿色基地的工作人员签订合同、登记备案,并进行生产培训,帮助他们熟悉绿色产品生产的要求。

5.3.4 对天敌及其栖息地的保护

(1)保护与利用天敌:改善生态环境,保持生物多样性,为天敌提供转换宿主、繁殖和越冬的场所,以提高天敌有效控制虫害的能力。

(2)保护捕食螨、蛙类、蝙蝠、鸟类等有益生物,减少人为因素对天敌的伤害。

5.4 绿色生产基地的生态控制

5.4.1 有计划地改善和改变生态环境,通过实施品种的合理布局,保持品种的多样性,对野生林地、草丛进行维护。

5.4.2 采用草覆盖的方法避免土壤裸露。禁止焚烧野草、作物根茬或树枝。

5.4.3 严禁用毁林、毁草、开荒的方式发展绿色产品种植。

（2）销售合同范例

××××农业专业合作社与基地农户签订销售合同

（　××××年度）

订 购 方：××××农业专业合作社　　　（以下简称“需方”）

生 产 方：×××等25位农户　　　（以下简称“供方”）

签订地点：××××农业专业合作社

为了促进农业生产和农民增收，保护合同双方的合法权益，避免合同纠纷，本着平等互利的原则，经供、需双方协商一致，订立本合同。

第一条 产品名称、品种和数量

1. 产品的名称和品种：美国红蟠、春蕾、早露、大九宝、瑞光28、英格尔。

2. 产品的数量：500亩蟠桃基地出产的果品(1 500 t)。

3. 规格等级：绿色果品。

第二条 产品质量和检疫办法

1. 产品质量按下列项目执行：国家有关部门有明确规定的，按规定标准确定产品等级和质量。

2. 产品的检疫办法按国家或地方主管部门规定进行检疫。

第三条 产品的收购、价格、货款结算

1. 产品的收购方式

需方应在接到供方通知的2小时内，派车到供方所在地西凉州户村(具体地点)收购，运输。

2. 产品的收购价格

(1)合同订购基数内收购价格15元/kg(如有等级区别的，在此加一款等级要求和价格)。

(2)合同订购基数外的产品，收购数量及价格参照市场价格由当事人协商议定。

3. 货款结算

按现金结算办法执行。

第四条 交货期限、地点和方式

根据鲜活商品的特点，交货日期经协商一致可适当提前或推迟。

交货地点和方式，可由当事人商定。

第五条 产品的包装及费用

产品统一为箱式包装，费用由需方承担。

第六条 需方为满足生产应提供的条件：无偿提供桃子生产技术指导服务。

第七条 为保证生产的顺利进行，供方应按照需方的订购质量及生产技术要求进行生产。

第八条 需方的违约责任

1. 需方未按规定提供生产所必需的条件的，应按15%(1%～20%的幅度)比例付违约金。因所提供的种苗存在质量问题，造成供方较大损失的，应按实际损失予以赔偿。

2. 需方未按各同收购或在合同期中退货的，应按未收或退货部分货款总值的25%(5%～25%的幅度)，向供方偿付违约金。

3. 供方按合同规定交货，需方无正当理由拒收的，除按拒收部分货款总值的25%(5%～25%的幅度)向供方偿付违约金外，还应承担供方因此而造成的实际损失和费用。

第九条 供方的违约责任

1. 供方逾期交货或交货少于合同规定的，如需方仍然需要的，供方应如数补交，并应向需方偿付逾期不交或少交部分货物总值的15%（由供、需方商定）的违约金；如需方不需要的，供方应按逾期或应交部分货款总值的10%（1%～20%的幅度）付违约金。

2. 供方交售的产品规格、产品质量标准与合同规定不符时，需方可以拒收。

第十条　违约金、赔偿金应在十天内（当事人有约定的，从约定）偿付，否则按逾期付款处理，任何一方不得自行用扣付货款来充抵。

第十一条　不可抗力

合同执行期内，如发生自然灾害或其他不可抗力的原因，致使当事人供方不能履行、不能完全履行或不能适当履行合同时，应向对方当事人通报理由，经有关主管部门证实后，不负违约责任，并允许变更或解除合同。

第十二条　合同的变更

当事人一方要求变更或解除合同，应提前通知对方，并采用书面形式由当事人双方达成协议。接到要求变更或解除合同通知的一方，应在七天之内做出答复，逾期不答复的，视为默认。

第十三条　本合同如有未尽事宜，须经供、需双方共同协商，做出补充规定。本合同一式二份，供、需双方各执一份：交当地工商所、乡政府等单位各留存一份。

第十四条　有效期限：自2022年××月××日起至2025年××月××日止。

法定代表人：　　　　　　　　　　**联系电话：**

（需方盖章）

农户：　　　　　　　　　　**联系电话：**

（供方）

签订日期：2022年××月××日

（3）基地清单范例

基地清单

基地名称	位置	亩数	种植作物	浇灌方式
一号基地	昌吉××××××	220	糯玉米	滴灌
二号基地	昌吉××××××	180	糯玉米	滴灌

（4）基地区划图范例

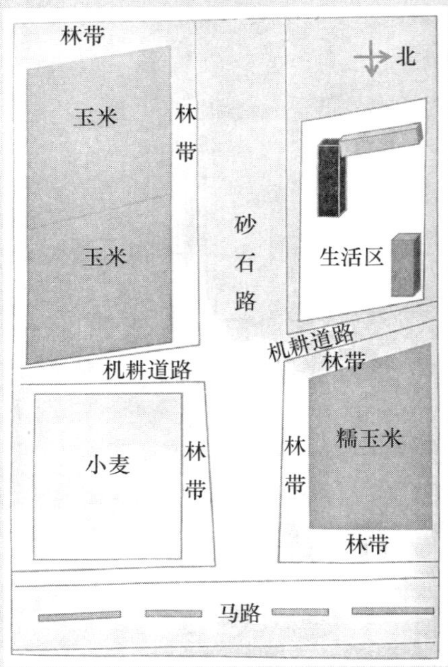

基地区划图

（5）基地位置图范例

基地位置图

(五)其他材料

1. 填报要求

(1)产品执行标准　有绿色食品产品标准的，必须执行绿色食品产品标准；没有绿色食品标准的执行国家标准；没有国家标准的执行行标、地标或企业标准(但企业标准应在省级以上技术监督局和中国绿色食品发展中心备案)。企业标准备案人要与申请人一致；产品名称与申请认证产品名称要一致；企业标准中产品原料配方与“加工产品情况表”要一致；企业标准中，不能有绿色食品禁用的投入品(食品添加剂)。

(2)营业执照　申报企业应提供有效期内的营业执照(副本)复印件，营业执照上的企业名称要与申请人名称一致，所申报产品不应超出营业执照所规定范围。

(3)商标注册证　申报企业应提供有效期内的商标注册证(复印件)，所申报产品不应超出商标注册证所规定范围，商标注册人与申请人名称要一致(注册人名称不一致要提供商标使用权转让合同)。

(4)质量管理手册　申请企业要提供企业质量管理手册，如果没有，必须制定质量管理手册，已经通过 QS、ISO9000 系列、ISO14000 及 HACCP 认证的企业可以提供进行上述认证时准备的质量管理手册及证书复印件。

2. 具体实例

(1)营业执照范例

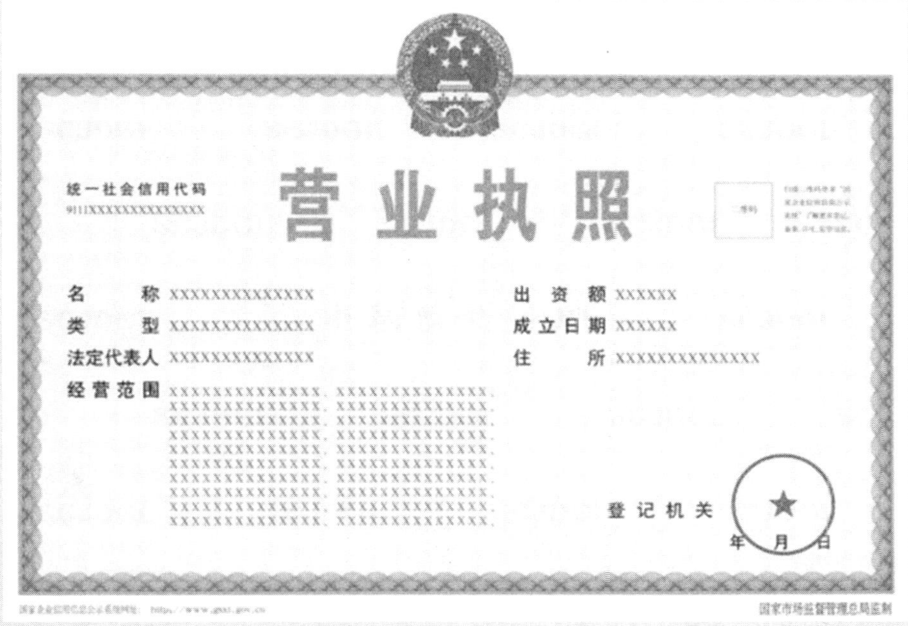
统一社会信用代码
911XXXXXXXXXXXXXX
营业执照
名　　称 XXXXXXXXXXXXXX
类　　型 XXXXXXXXXXXXXX
法定代表人 XXXXXXXXXXXXXX
经营范围 XXXXXXXXXXXXXX、XXXXXXXXXXXXXX、……
出 资 额 XXXXXX
成立日期 XXXXXX
住　　所 XXXXXXXXXXXXXX
登记机关
年　月　日
国家市场监督管理总局监制

营业执照

(2)商标注册证范例

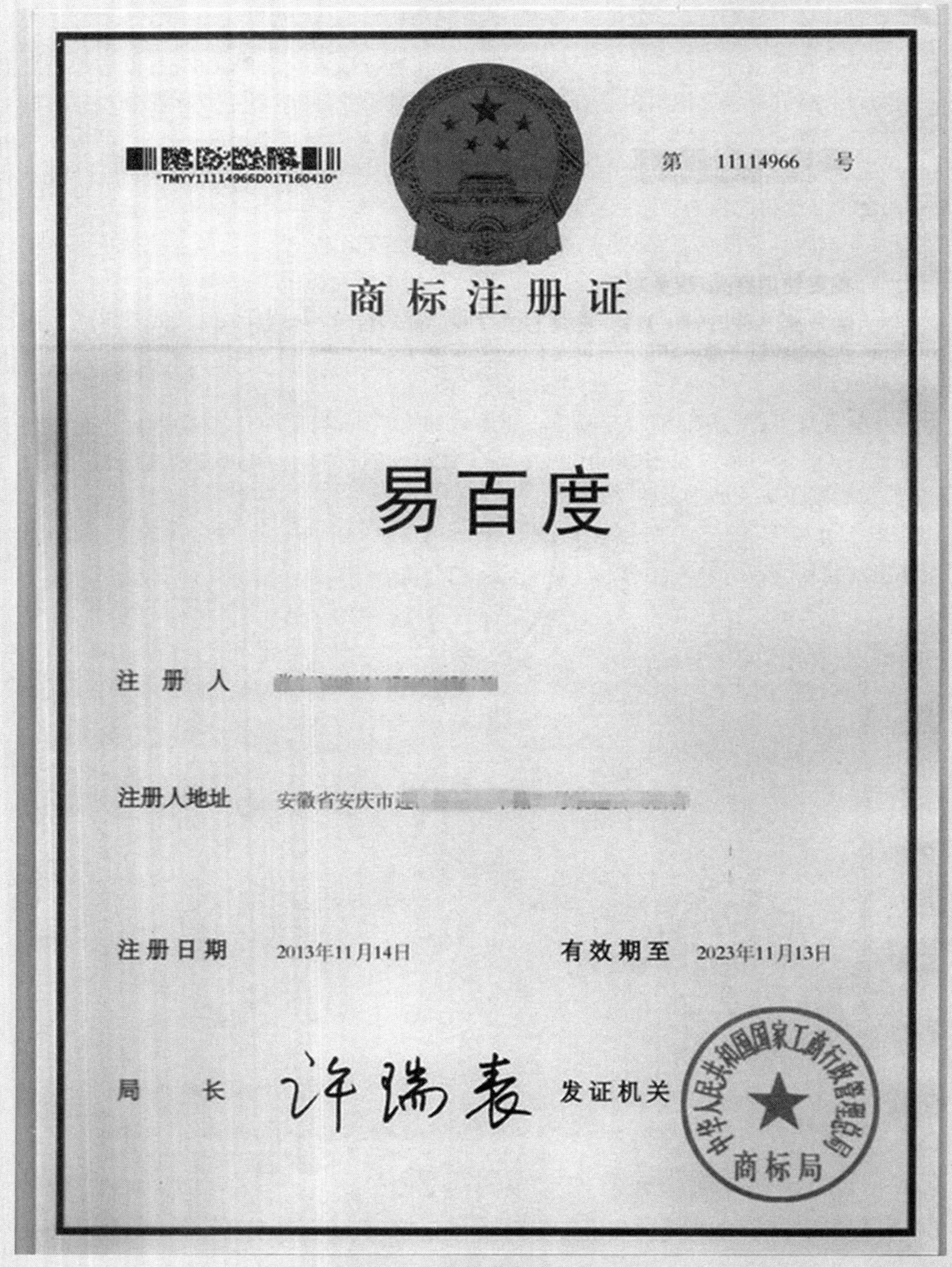
"TMYY11114966D01T160410"

第 11114966 号

商标注册证

易百度

注册人 [illegible]

注册人地址 安徽省安庆市[illegible]

注册日期 2013年11月14日　　有效期至 2023年11月13日

局　长 许瑞表　　发证机关

中华人民共和国国家工商行政管理总局 商标局

商标注册证

（3）质量管理手册范例

×××××××农业科技开发有限公司

糯玉米加工质量管理手册

文件编号：A/O-ZL-2022
编 制 人：×××
审 核 人：×××
批 准 人：×××
版 本 号：A/O
受控状态：
发放编号：受控
持 有 人：×××

目　录

1　颁布令

本公司依据绿色食品标准编制完成了质量手册第一版，现予以批准颁布实施。

本手册是企业质量管理体系法规性文件，是指导企业建立并实施质量管理体系的纲领和行动准则。企业实行绿色食品生产的部门和人员都必须遵照执行。

我授权×××为绿色食品生产的管理者代表。

本手册经本人批准发布，自202×年××月××日起实施。

绿色生产领导小组组长：×××

202×年××月××日

2　前言

2.1　适用范围

本手册适用于企业从事绿色食品生产的管理、操作人员及相关人员。

2.2　引用文件

《NY/T 391—2021 绿色食品　产地环境质量》。

2.3　定义与缩略语

引用文件中的相关术语与定义适用于本手册。

2.4　本手册为公司的受控文件，由绿色食品生产领导小组组长批准颁布执行。

2.5　本手册的具体条款内容，随着环境的变化，均有可能被技术性修订，修订和修订的内容必须经绿色食品生产领导小组组长审批后才能执行，修订的最新内容见本手册质量手册修订记录，由综合部具体执行，修订的具体程序见文件控制程序。

2.6　本手册的版本/修改码控制用“A/0”表示，字母“A、B、C……”表示版次，即“第一版、第二版、第三版……”；数字“0、1、2、3……”表示修订的次数，即“第0、1、2、3……”次修订，手册的换版必须经绿色食品生产领导小组组长批准后方可执行。

2.7　本手册的持有人应爱护手册，当手册破损严重时，应主动到综合部办理更换手续，交回旧手册，补领新手册，由综合部管理人员核对持有人情况，即可办理。

3 企业情况简介

××××××农业科技开发有限公司成立于××××年×月，位于昌吉××××××，法人代表××××××，注册资金3 000万元，占地面积42 600 m^2，是一家专业从事糯玉米和鲜食葡萄的种植、加工、保鲜贮藏及销售为一体的现代化农业科技型企业，为昌吉回族自治州龙头企业。

公司注册的“×××”商标，2015年被自治区农业厅评为“新疆农业名牌”，在新疆具有较高的知名度。2014年公司成为CCTV《影响力对话》栏目农业行业合作伙伴，公司生产的“×××”红提葡萄和鲜食糯玉米于2013年和2015年先后通过了国家相关部门的绿色食品认证。公司于2011年成立了××××专业种植合作社，2014年被农业部评为首批“全国农民合作社加工示范单位”。公司倡导发展一站式特色产业链。农副产品生产、加工、保鲜贮藏、配送与销售一体化模式，减少流通环节，降低流通成本，保证农产品的质量安全。

公司将坚持以奉献安全、营养、美味的优质食品，引领健康、高品质的饮食文化为使命，不断扩大生产规模，开发更多有营养的、健康的果蔬美食，打造卓越的多品类营销平台，使公司各产品的市场占有率及盈利能力成为行业中的标杆。

4 组织机构

4.1 成立领导小组

为加强绿色食品生产领导，我公司成立绿色食品生产领导小组，下设综合办公室、生产科、销售科和财务科4个业务办事部门。领导小组组长由总经理担任，另设几名副组长负责绿色糯玉米生产、加工、营销和体系管理，由组长指定一名管理者代表。生产科由领导小组聘任3名以上绿色食品内部检查员，领导小组成员另有行文安排。

4.2 组织机构图

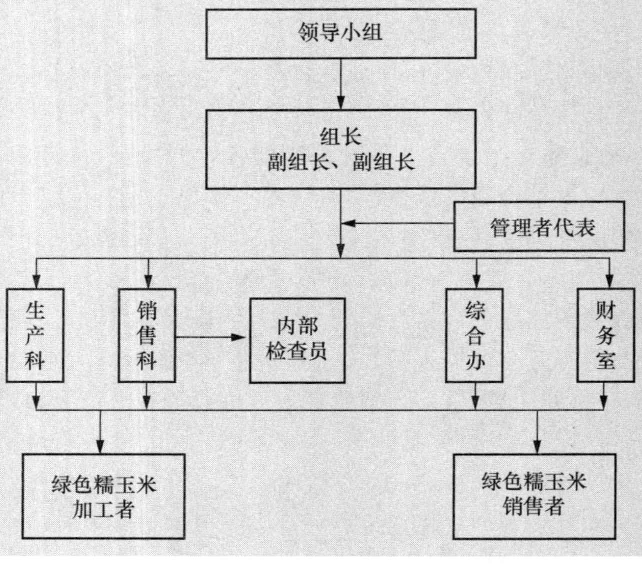

管理体系职能分配表

标准章节号		章节名称	组长	管理者代表	副组长	综合室	生产科	财务科	销售科	生产者	加工者	经营者
4.2.2		位置图										
4.2.3	(1)	企业简介										
	(2)	经营方针和目标	★									
	(3)	组织结构及职责权限	★									
	(4)	①绿色生产实施			★		●			★		
		②绿色加工实施			★		●				★	
		③绿色经营实施			★		●		★			★
	(5)	①内部检查						★		●	●	●
		②管理评审		★						●	●	●
	(6)	跟踪审查						★				
	(7)	记录管理						★				
	(8)	客户申投诉处理				★						
4.2.4		①绿色生产操作规程								★		
		②绿色加工操作规程									★	
		③绿色经营操作规程							★			★
4.2.5		文件控制				★						
4.2.6		记录控制				★	★	★	★	●	●	●
4.3		资源管理	★									
4.6		持续改进		★				★		●	●	●

符号说明：★主要责任部门　　●配合责任部门

4.3　岗位职责

4.3.1　绿色食品生产领导小组组长

(1)贯彻执行国家绿色食品生产的标准及相关政策。

(2)颁布中心经营方针和目标，审批质量手册及有关文件，规定各部门及负责人的职责、权限与相互关系。

(3)为中心质量体系的建立和实施配备必要的资源，主持管理评审工作。

(4)任命技术负责人和质量负责人，并赋予其应有的职责和权限。

4.3.2　管理者代表

由绿色食品生产领导小组组长在管理层成员中任命一名管理者代表，除原有职责外，还应具有以下职责和权限：

(1)确保质量管理体系所需的过程得到建立、实施、保持和改进。

(2)向绿色食品生产领导小组报告质量管理体系的业绩(如经营方针和目标的实现情况等)和任何改进的要求。

(3)负责领导和组织质量管理体系内部检查,审批内部检查报告。

(4)负责绿色食品产品的对外联络事宜。

4.3.3　副组长

(1)协助组长做好绿色食品生产的各项工作。

(2)组长不在时,履行组长的职责。

(3)完成组长安排的各项工作。

4.3.4　综合室

(1)负责收集、整理国内外绿色食品产品发展的相关信息。

(2)负责组织实施有关培训和技术交流。

(3)为有关决策部门提供相关技术支持及决策建议。

(4)负责文件、记录等归口管理。

(5)负责绿色糯玉米生产计划安排监督管理。

(6)负责绿色食品生产的资源管理(包括人员、工作环境及设备等)。

(7)负责申诉与投诉的受理与传递。

4.3.5　生产科

(1)负责质量管理体系相关文件的制定修订及归口管理。

(2)负责绿色食品产品生产记录的监督、检查和管理。

(3)负责绿色食品糯玉米生产技术规程的编制。

(4)负责组织绿色食品产品内部检查和管理评审业务。

(5)负责绿色标志的规格选择、使用和管理。

4.3.6　销售科

(1)负责绿色食品生产物资的采购、验收标识、记录等。

(2)绿色食品产品的市场调研。

(3)绿色食品产品的销售等。

(4)市场对产品需求及满意度信息收集。

4.3.7　财务科

(1)对绿色糯玉米生产的整个过程进行环境监督管理。

(2)负责绿色糯玉米生产过程中投入对环境产生影响物质的统计。

(3)对生产环境气、水及土壤进行监测(如果必要时)。

4.3.8　内部检查员

(1)配合认证机构的检查和认证。

(2)根据绿色食品产品标准,对本企业的质量管理体系进行检查,并对违反本部分规定的内容提出修改意见。

(3)对本企业追踪体系的全过程确认和签字。

(4)向认证机构提供内部检查报告。

4.3.9 生产者职责

(1)贯彻执行组织的经营方针和目标。

(2)生成过程记录,为绿色食品生产活动提供依据。

4.3.10 加工者职责

(1)贯彻执行组织的经营方针和目标。

(2)生成过程记录,为绿色食品生产活动提供依据。

4.3.11 经营者职责

(1)贯彻执行组织的经营方针和目标。

(2)生成过程记录,为绿色食品生产活动提供依据。

5 质量管理体系

5.1 总要求

按照绿色食品的要求建立和保持绿色食品生产质量管理体系,形成文件,加以保持和实施,并予以持续改进。

5.2 质量管理体系文件

5.2.1 质量管理体系文件的构成及批准、发布

(1)一级文件,质量手册——由管理者代表审核、组长批准发布。

(2)二级文件,程序文件——由管理者代表批准发布。

(3)三级文件,作业指导文件——由相应的综合办公室、质控室、供销室主任批准发布,通常又可分为。

①管理性文件:包括绿色食品生产过程中涉及的各种管理制度、岗位责任制和任职要求等。

②技术性文件:国家绿色食品的标准、绿色食品生产各过程中的操作规程、产品生产的技术规范等。

(4)四级文件,质量记录表格——包括绿色食品的生产、加工、运输、销售等过程中的各种记录。

5.2.2 文件的详略应取决于生产规模、产品类型、过程复杂程度、员工能力素质等,应切合实际,便于理解应用。

5.2.3 质量管理体系文件的修订。文件规定应与实际运作保持一致,随着质量管理体系的变化及经营方针、目标的变化,应及时修订质量管理体系文件,并批准发布,确保文件的有效性、充分性和适宜性,具体执行文件控制程序的有关规定。

5.2.4 文件的发放

综合室按照经绿色食品生产领导小组组长批准的受控文件一览表的范围发放文件,保证质量体系运行范围内的部门使用有效的受控文件版本。

5.2.5 文件的更改

文件与资料的更改应获得原批准者批准后生效,应在其正文或附件内容上表明更改标识,并将无效版本撤回。

5.2.6 文件可以任何媒体形式呈现,如纸张、磁盘、光盘或照片、样件等。

5.3 经营方针

由绿色食品生产领导小组发布产品高品质可持续发展经营方针，且全体绿色食品生产体系人员及相关人员应正确理解和沟通该方针，并坚决贯彻实施。

5.4 经营目标

严格按绿色食品生产标准的要求组织生产，实现绿色糯玉米产品一次交验合格率98%，设备完好率98%，顾客满意度98%。

6 人员管理

6.1 总则

实行定岗、定员、责任到人的管理制度。

6.2 人员要求

绿色食品生产、加工者不仅应具备与绿色食品生产、加工规模和技术相适应的资源，而且应具备符合运作要求的人力资源并进行培训和保持相关的记录。

6.2.1 管理者

(1)本单位的主要负责人之一。

(2)了解国家相关的法律、法规及相关政策。

(3)具备3年以上农业生产和(或)加工的技术知识或经验。

(4)熟悉本单位的绿色食品生产、加工和经营管理体系及生产和加工过程。

6.2.2 技术人员

(1)熟悉绿色食品的标准。

(2)熟悉所服务项目的绿色食品生产技术规范。

(3)有能力解决所服务项目遇到的技术问题。

6.2.3 生产操作者

(1)掌握绿色农业的基本知识。

(2)了解绿色食品生产标准中对该项生产的要求和规定。

(3)做到按照操作规程从事生产，并有完整的记录。

6.2.4 内部检查员

(1)了解国家相关的法律、法规及相关要求。

(2)相对独立于被检查对象。

(3)熟悉并掌握国家绿色食品标准的要求。

(4)具备3年以上农业生产和(或)加工的技术知识或经验。

(5)熟悉本单位的绿色食品生产、加工和经营管理体系及生产和(或)加工过程。

6.3 能力培养

6.3.1 原则

针对各层次人员的培训要求，制定培训计划、内容并实施，确保全体人员胜任岗位工作，并在实际工作中不断提高业务水平，增强个人工作能力。

6.3.2 培训计划及实施

(1)综合室汇总各部门提出的培训需求信息,编制培训计划表,交绿色食品生产领导小组组长审阅批准后组织实施。

(2)每年11月各部门上报综合室下年度的培训申请单,综合室于12月制定下年度的培训计划(包括培训内容、对象、时间、考核方式等内容),经绿色食品生产领导小组批准后下发各部门,并监督实施。

6.3.3 每次培训各相关部门应填写培训签到表及培训记录表,记录培训人员、时间、地点、教师、内容及考核成绩等,培训后将有关记录交综合室存档。

7 记录控制

7.1 总则

绿色食品生产、加工、经营者应建立并保持记录。记录应清晰准确,并为绿色食品生产、加工活动提供有效证据。

7.2 质量记录的种类

质量记录的种类包括:

(1)种植活动中的各种记录,包括农药购买记录、农药使用记录、肥料购买记录、农事记录、销售记录等。

(2)会议记录及签到卡。

(3)不符合报告。

(4)培训记录。

(5)质量体系内审记录。

(6)管理评审记录。

(7)其他质量体系记录。

7.3 质量记录要求

(1)质量记录填写应完整、准确、字迹清晰、易于识别和检索查询。

(2)应规定记录的标识、贮存、保护、检索、保存期限和处置所需的控制,具体操作详见记录控制程序。

8 绿色糯玉米加工实施计划

8.1 原则

绿色食品生产应根据当地的自然环境条件,在标准的指导下进行,糯玉米加工及储运必须符合绿色食品标准中的相应要求,并按照管理体系文件的要求实行全过程控制。

8.2 绿色糯玉米采收运输、加工实施方案

(1)在采收运输和加工过程中要完全避免与常规种植的产品接触。

(2)在运输、加工前,必须对所用的设备严格清洗消毒。

(3)所生产的糯玉米必须进行包装。

(4)所有包装材料必须是食品级包装材料。

(5)在产品或外包装上印刷的油墨以及商标黏着剂都必须是无毒的,并且不能与食品接触。

(6)产品外包装应有独特的外形,以便于与常规产品进行区分,并且要建立严格的外包装使用制度。具体操作详见作业指导手册。

9 内部检查

9.1 内部检查

9.1.1 总则

对质量管理体系有计划地进行检查与评价,验证生产活动是否符合体系文件规定,评定体系的有效性并对存在的问题及时采取纠正措施。

9.1.2 要求

(1)应建立内部检查制度,以保证绿色食品生产、加工管理体系及生产过程符合绿色食品要求。

(2)内部检查应由内部检查员来负责。

9.1.3 检查实施

质控室负责检查计划的制定和编制检查表并依此实施检查,实施方式采用流动式。对检查中发现的不符合要求的情况,相关部门应及时采取纠正措施,质控室在跟踪检查活动中,应验证纠正措施的实施情况与有效性。

9.1.4 检查报告

质控室负责编制书面的检查报告,并交管理者代表审批,检查报告应保证被分发到被检查的所在部门和场所。

9.1.5 检查记录

质控室负责收集检查过程中所形成的记录,并交综合室归档保管。具体操作详见内部检查。

10 持续改进

10.1 总则

为保证绿色食品生产完整性,绿色食品生产、加工者应建立完善的追踪系统,保存能追溯实际生产全过程的详细记录以及可跟踪的生产批号系统。

10.2 不符合项的来源

(1)各部门进行自检、自查的结果。

(2)内部检查结果。

(3)申诉与投诉。

(4)认证机构的检查。

10.3 持续改进

绿色食品生产应该:

(1)确定不符合/潜在不符合的原因。

(2)评价确保不符合/潜在不符合不再发生的措施的需求。

(3)确定和实施所需的措施。

(4)记录所采取措施的结果。

(5)评审所采取的纠正或预防措施。具体操作详见内部检查。

11　标识及可追溯性

11.1　原则

为保证绿色食品生产完整性,绿色食品生产、加工者应建立完善的追踪系统,保存能追溯实际生产全过程的详细记录以及可跟踪的生产批号系统。

11.2　标识方法

11.2.1　采购物料的标识

对采购物品进行登记,登记内容包括:生产厂家、物料名称、物料编码、规格、型号、数量、使用等信息。

11.2.2　生产批号

加工产品批号:

编制顺序:新疆×××-绿色糯玉米-　年　月　日

缩写为:XJJRZ-LSNYM-××××××××

11.3　产品的追溯

为保持产品的可追溯性,除产品的批号外,还须保存材料领取单、生产过程中物质使用及管理记录、产品数量、产品运输、销售等记录以供追溯。当顾客投诉或产品出现重大质量问题时,由质控室组织相关部门进行追溯。具体实施详见标识及可溯性控制程序。

12　客户申诉与投诉

12.1　原则

正确对待客户提出申诉与投诉,以公正、客观的方式予以处理。

12.2　申诉与投诉的处理

综合室应及时将申诉与投诉的信息传递给各有关部门,并开展事实调查,形成书面材料,交由管理者代表做出处理意见。

12.3　申诉与投诉的记录保存、归档与调阅

(1)综合室负责申诉与投诉有关全部资料的归档保存。

(2)有关申诉与投诉资料的调阅,必须经管理者代表批准,具体实施详见客户申诉与投诉程序。

12.4　客户投诉管理制度

12.4.1　适用范围

本制度主要适用于本公司在市场经营活动中的下列投诉:

(1)与商品质量有关的投诉。

(2)与购销合同有关的投诉。

(3)与货物运输有关的投诉。

(4)与服务有关的投诉。

(5)客户提出的各类提案、建议、批评与意见。

12.4.2 客户投诉管理原则

(1)预防原则。为防患于未然,本制度要求如下:

①提高全体员工的素质和业务能力。

②改善企业组织管理,建立、健全各种规章制度。

③加强企业内外部的信息交流。

④保持全心全意为客户着想的工作态度。

(2)及时原则。各部门通力合作,迅速做出反应,力争在最短的时间内全面解决问题,给投诉者一个及时圆满的答复。

(3)责任原则。本制度规定责任原则含义如下:

①确定投诉处理责任。

②弄清造成客户投诉的责任部门和责任人。

③弄清客户投诉得不到及时圆满解决的责任。

(4)记录原则。对每一起客户投诉都需要做出详细的记录,为企业吸取教训、总结投诉处理经验、加强投诉管理提供宝贵的原始资料。

12.4.3 客户投诉管理流程

对客户的投诉,本制度规定投诉管理的主要步骤如下:

(1)记录客户投诉内容。

(2)判定投诉性质。首先确定客户投诉的类别;然后判定客户投诉理由是否充分,投诉要求是否合理。

(3)确定投诉处理责任。按照客户投诉内容分类,确定具体的受理部门和受理负责人。

(4)调查原因。查明出现客户投诉的具体原因和具体责任者。

(5)提出解决办法。

(6)通知客户。投诉解决办法经企业主管经理同意后,迅速地通知客户,并尽快地反馈客户对解决办法的反应。

(7)责任处罚。依照投诉所造成的损失大小,扣除责任者一定比例的绩效工资或奖金。

(8)提出改善对策。

另外,在投诉处理过程中,还包括投诉管理表格的设计、填制、整理和保存,企业公关活动的展开,以及与索赔相关的技术性和法律性问题的处理等方面。

12.4.4 企业各类人员对投诉事件的处理,应以谦恭、礼貌、迅速、周到为原则。

12.4.5 处理职责划分

各部门对客户投诉案件的处理职责为:

(1)客户服务部

①确定投诉案件是否受理。

②详查客户投诉产品的订单编号、批次号、数量、交运日期。

③客户投诉要求及客户投诉理由的确认。

④协助客户解决疑难问题或提供必要的参考资料。

⑤尽快答复客户。

(2)质量检查管理部

①处理客户投诉案件的调查、报批与责任人员的确定。

②发生原因及处理,改善对策的检查、执行、督促,并提出上报。

③客户投诉质量的检验确认。

(3)生产车间

①针对客户投诉内容详细调查,并拟定处理对策及执行检查。

②上报责任部门、责任人员有关受诉产品信息。

③客户投诉内容的审核、调查、上报。

④处理方式的拟定及责任归属的判定。

⑤协助有关部门关于客户投诉的调查。

(4)各销售分公司、销售点　各销售分公司、销售点接到投诉后,应确认其投诉理由是否成立,呈报上级主管裁定是否受理。如属客户原因,应迅速答复客户,婉转讲明理由,请客户谅解。如确属我公司原因,应进行详细记录,并按下列原则做出妥善处理:

①凡属质量缺陷,规格、数量不符、现品与样品不符、超过技术误差时,填制投诉记录,送质量检查管理部。

②如纯属合同纠纷,应填制投诉记录,并附处理意见,送公司有关部门主管裁定处理。

③如属发货手续问题,依照销售业务处理办法规定处理。

12.4.6　客户投诉责任人员处分及处罚

(1)客户投诉责任人员处分　生产车间主任每月初总结上月份受理的客户投诉事件,经整理后送人事部门备案。

(2)绩效奖金处罚　生产车间、客户服务部及质管部的责任归属部门或个人,由质管部依客户投诉事件发生的项目原因判定,并开具处罚通知单报总经理核准后复印三份,一份自存,一份送财务部核查,一份下发受处罚部门或个人。

12.4.7　成品退货账务处理

销售部门接到已处理的客户意见处理表第三联后,依核决的处理方式处理;

(1)折让、赔款　业务人员应依客户意见处理单开具销货折让证明单一式二联,报分公司经理核签及客户签章后,一份存业务部,一份送财务部。

(2)退货处理　开具成品退货单,注明退货原因、处理方式及退回依据后,报上级核准。

取得上述文件之后与销货、折让证明单一并送交财务部。

12.4.8 时效逾期处理

客户投诉处理受理时间应在 14～21 天内做出最终答复意见。

总经理在客户投诉案件处理过程中，对于逾期案件应催促有关部门处理；对于已结的事件，应核查各部门处理时效；对于处理时效逾期案件，应做出批示，送有关部门追查逾期原因。

13 保密

13.1 目的

为保证企业的利益，要求严格履行保密制度，特制定本程序。

13.2 范围

适用于绿色食品生产的各级相关管理及操作者。

13.3 职责

综合室是本程序的归口管理部门，并负责做好各级管理及操作者保密宣传教育和保密资料借阅管理工作。

13.4 内容

13.4.1 保密制度教育

做好管理及操作者保密制度宣传教育，明确文件保密范围。

13.4.2 保密性文件资料借阅制度

管理及操作者因工作需要借阅保密性文件资料，需提出申请，写明借阅资料名称、期限，经部门负责人批准，方可借阅。

13.4.3 相关文件

程序文件的 1～8。

13.4.4 记录

保密文件、资料借阅申请。

保密文件、资料和信息外报审批单。

（六）外购原料合同（协议）

1. 填报要求

应注意外购原料合同签署时不得出现以下情况：

（1）缺原料购销合同；买方与申请人不一致；卖方与绿色食品证书所有者不一致。

（2）合同中产品名称与绿色食品证书上产品名称不一致。

（3）合同订购量小于申请认证产品所需原料量。

（4）合同订购量大于申请认证产品所需原料量。

（5）合同订购量大于原料生产单位所能提供的产量。

（6）无合同有效期；有效期不足三年。［说明：一般情况合同有效期为三年，但因为一些因素（如价格、质量等）不能签三年合同的，可签订三年协议书，但同时要签订一年的合同，并提交批次购买发票复印件。］

(7)合同缺公章;公章不清晰;公章全称与购买双方名称不一致。

(8)缺原料生产单位绿色食品证书复印件。

(9)原料生产单位绿色食品证书已超过有效期。

(10)合同涂改。

2. 具体实例

(1)供货合同范例

供货合同

购货方:××××××科技开发有限公司
（以下简称甲方）

地　址:昌吉×××××××

供货方:××××××有限公司
（以下简称乙方）

地　址:乌鲁木齐××××××

根据《中华人民共和国合同法》及其他有关法律的规定，本着平等、互惠、互利、自愿和诚实守信的原则，甲、乙双方经友好协商就供货事宜达成如下协议：

一、甲、乙双方合作关系

甲、乙双方自本合同签订之日起即形成供需合作伙伴关系，甲方成为乙方固定供货客户，乙方为甲方提供所需产品。

二、所供产品名称与质量标准

供货的产品的名称、品种、规格：×××

产品质量标准：GB×××

乙方为甲方提供所需产品需符合法律法规的规定或在国家或行业规定的相关标准的基础上，依据甲方所需产品的种类、数量供货。

三、所供产品价格

乙方供货价格以甲、乙双方确认的每次收获的收货单确定价格（含税）为准。

四、所供产品交付期

乙方每批供货须按甲方订单要求如期交货，如不能按期交货须征得甲方的同意后方可延期。若乙方一再要求延期，影响到了甲方正常生产，又不予应急处理，甲方可单方取消订单并追究乙方的责任。

五、交货方式

乙方负责将每批货物运送至甲方库房。

六、货款结算方式

结款方式：每笔货物以对公账户汇款进行结算，乙方收到货款后应在3日内向甲方开具税票。

七、双方权利义务

1. 甲方权利义务

(1)在乙方供货等各方面非常配合的情况下，甲方不得拖欠货款，须按双方约定的时间及方式结款，否则乙方有权追究甲方责任。甲方事先同乙方协商可以延期结款的情况除外。

(2)甲方需指派专人负责，就订货、验货、取货、对账、结账等事宜与乙方进行沟通，如甲方有人员变动应及时通知乙方，否则出现纠纷由甲方负责。

甲方指定联系人：×××，电话：139××××××××。

(3)甲方应于每次要货日的前两天,将本单位所需物品清单及数量通知乙方备货,如大批量的要货应提前3～5天订货。

(4)取货时必须加盖本单位印章或由取货人签字确认。

2. 乙方权利义务

(1)为甲方提供乙方经营范围内的产品,保证商品质量符合行业规定的相关标准,若是因乙方供应的物品质量缺陷给甲方造成损失,而导致甲方被追究法律责任和要求赔偿损失时,乙方承担由此产生的法律责任。

(2)为甲方提供完整的销货清单及准确报价。

(3)甲、乙双方合作期间,乙方不得以任何形式贿赂甲方的来料检验、收货、技术性能鉴定、采购等职位的员工,一经发现,甲方将有权单方解除合同,并对未结账物品予以处置。

(4)乙方需按甲方提供的订货单,将甲方所需物品及时备好。

乙方指定联系人:×××,电话:132××××××××。

(5)为甲方提供相应金额的合法发票保证结款正常。

八、违约责任

甲、乙双方若违反本协议的任何一款,视为违约,须承担由其违约行为而给对方造成的全部直接损失和间接损失,违约金以实际造成的损失计算。

九、其他

(1)本协议未尽事宜或规定不明之处由甲、乙双方通过友好协商解决,违反本协议引起争议的,甲、乙双方应先尽量协商,不能达成一致的,甲、乙双方均可向有管辖权的人民法院提起诉讼。双方应尽可能地继续履行本协议除争议事项外的其余部分。

(2)甲、乙双方若需终止本协议需要提前30天通知对方,否则双方互不承担责任,并在7天内将账款等事宜办理完毕。

(3)本合同自签订之日起至　××××年××月××日有效。

(4)本协议一式二份,甲、乙双方各执一份,均具同等法律效力,自双方盖章签字之日起生效。

甲方:××××××科技开发有限公司　　**乙方:**××××××有限公司

法定代表人:　　**法定代表人:**

(签章)　　(签章)

2022年××月××日　　2022年××月××日

任务3 绿色食品认证与管理

一、绿色食品管理机构及职能

1. 绿色食品认证管理机构

中国绿色食品发展中心是组织和指导全国绿色食品开发和管理工作的权威机构，隶属中华人民共和国农业农村部。

中国绿色食品发展中心职能：

(1)参与绿色食品、有机农产品和地理标志农产品发展有关规章制度、规划计划、政策措施的拟订及实施。

(2)负责绿色食品、有机农产品认证及农产品地理标志登记审查。

(3)承担绿色食品、有机农产品标志授权管理和产品质量跟踪检查的具体工作。

(4)参与拟订绿色食品、有机农产品和地理标志农产品相关质量标准、技术规范并组织实施，开展有关国际交流与技术合作。

(5)开展绿色食品、有机农产品和地理标志农产品生产基地创建、技术推广和宣传培训，承办农产品品牌培育、市场发展和展示推介等工作。

(6)组织实施绿色食品、有机农产品和农产品地理标志登记相关检验检测工作。

(7)组织开展农产品品质规格、营养功能评价鉴定等相关工作。

(8)协调指导名优农产品品牌培育、认定和推广等工作。

(9)承担农业农村部交办的其他工作。

2. 绿色食品产地环境监测与评价机构

各地根据本地区的实际情况，委托具有省级以上计量资格的环境监测机构，并报农业农村部批准备案后，负责当地绿色食品产地环境监测与评价工作。目前，各省(自治区、直辖市)至少指定了一家具备认证资格的产地环境监测与评价机构，形成了可以覆盖全国各地的有效工作网络。

绿色食品产地环境监测机构主要职能：根据绿色食品委托管理机构委托，按《绿色食品产地环境现状评价技术导则》及有关规定对申报产品或产品原料产地进行环境监测与评价；根据中国绿色食品发展中心的抽检计划，对获得绿色食品标志的产品或产品原料产地环境进行抽检；根据中国绿色食品发展中心的安排，对提出仲裁监测申请的企业进行复检；根据中国绿色食品发展中心的布置，专题研究绿色食品环境监测与评价工作中的技术问题等。

3. 绿色食品产品质量监测机构

绿色食品产品质量监测机构由中国绿色食品发展中心直接委托。

绿色食品产品质量监测机构主要职能：绿色食品产品标准对申报产品进行监督检验；对获得绿色食品标志使用权的产品进行年度抽检；对检验结果提出仲裁要求的产品进行复检；专题研究绿色食品质量控制有关问题；有计划地引进、翻译国际上的有关标准，研究和制订我国绿色食品的有关产品标准。

二、绿色食品认证程序

绿色食品产品认证程序包括：认证申请、受理及文审、现场检查及产品抽样、环境监测、产品检验、认证审核、颁证等环节。其中最主要的是文审及现场检查，文审决定是否受理其申请，现场检查的结果决定其是否能够通过认证。

1．认证申请

申请人向所在的省（自治区、直辖市）绿色食品发展中心提交正式的书面申请，领取绿色食品标志使用申请书、企业生产情况调查表及绿色食品认证附报材料清单，也可以登录中国绿色食品网（www.greenfood.org.cn）下载上述材料，按要求填写绿色食品标志使用申请书、企业生产情况调查表，准备绿色食品认证附报材料清单中要求提供的其他材料并装订成册后提交到省（自治区、直辖市）绿色食品发展中心。缺一项则不予受理。

2．认证审核（文审）

省（自治区、直辖市）绿色食品发展中心收到申请企业上运材料后，进行编号并下发受理通知书。在5个工作日内对申报材料进行审核，并下发文审意见通知单，将审核结果通知申报企业。文审意见通知单内容包括补充材料和进行现场检查以及环境监测的时间。

3．现场检查

省（自治区、直辖市）绿色食品发展中心将根据据企业申报材料和与企业商定的地点和时间，派绿色食品检查员对申请企业产品（原料）生产、加工情况进行实地检查并对申报产品进行抽样。

实地检查内容包括：召开首次会议、检查产品（原料）生产情况、访问农户和有关技术人员、检查产品加工情况、查阅文件[基地管理制度、合同（协议）、生产管理制度等]、记录（管理记录、出入库记录、生产资料购买及使用记录、交售记录、卫生管理记录、培训记录等）、召开总结会议。现场检查后认为需要进行环境监测，委托定点的环境监测机构对申报产品或产品原料产地的大气、土壤和水进行环境监测与评价。将抽样的产品交到定点产品检测单位安排产品检验。（绿色食品检查员现场检查的过程需要进行拍照。）

4．上报国家中心

省（自治区、直辖市）绿色食品发展中心将申报企业初审合格的材料以及绿色食品检查员现场检查意见、环境监测与评价报告、产品检验报告等材料上报到中国绿色食品发展中心，中国绿色食品发展中心对上述申报材料进行审核，并下发审核意见通知单，将审核结果通知申报企业和自治区绿色食品发展中心。合格者，进入办证环节，不合格者，当年不再受理其申请。

5．颁发证书

终审合格的申请企业与中国绿色食品发展中心签订绿色食品标志使用合同。中国绿色食品发展中心对上述合格的产品进行编号，并颁发绿色食品标志使用证书。

6．收费

按照绿色食品认证有关规定，绿色食品标志使用企业向中国绿色食品发展中心缴纳绿色食品标志认证费和绿色食品标志使用费。

认证费具体收费标准为：每一个产品8 000元，同类的系列产品超过两个的部分每一个产品收取 1 000～3 000 元不等(一次性收取)。标志使用费对每一类产品有所不同,一般初级农林产品 1 000 元,初级畜禽类产品、水产品以及初加工农林产品为 1 800 元,初加工畜禽类产品和水产品为 2 500 元,深加工产品为 3 000 元左右。标志使用费一般一年一交。

三、绿色食品管理

主要包括标志商标管理、质量管理、收费管理。标志管理的手段包括法律手段和技术手段,法律手段是指绿色食品的商标管理模式,就是对生产者和市场依法检查;技术手段是指年检和抽检的管理措施。

1. 标志商标管理

绿色食品标志是一个质量证明商标,标志管理即是质量证明商标的管理。它有两种内涵:一是依法实施注册和有效续展,以保证企业商标的合法性;二是依法实施许可并对许可使用标志的企业进行监管,促使其合法、按规定使用绿色食品标志。

1995 年,绿色食品标志由中国绿色食品发展中心在国家工商行政管理局商标局进行了注册申请,1996 年获得批准,成为我国第一例质量证明商标,取得了产品质量证明商标的合法地位。尽管中心在标志管理上制定了相应的管理办法,在标志商标的使用上提出了明确的要求,但是仍然有一部分企业存在着一些不规范用标的现象,主要有以下几种情况:

(1)企业获得绿色食品标志使用权后未使用标志和编号。

(2)未按要求规范使用标志。如个别企业在包装标签上仅使用标志或文字;申报多个产品,但在所有获标产品上只使用其中一个产品编号;在产品包装上标志、编号、文字与设计手册要求不符。

(3)超范围使用标志。如将获标产品的编号用在其他未申报的产品包装上(即一标多用的现象);超出核准的产品使用绿色食品标志,申报量与使用量不符。

(4)超期使用标志。如续展完成后仍使用老编号,未及时更换新编号;或到期未续展但仍沿用过期的标志编号。

(5)将标志使用权私自转让许可给第三方使用。

这些现象的产生有企业自身的原因,也有技术和制度方面的因素,但主要是疏于管理,关键在提高认识和对绿色食品管理制度的掌握和理解。

标志商标管理是绿色食品管理的法律手段,规范使用绿色食品标志是标志商标管理的主要内容之一,我们应高度重视违规用标带来的危害和给企业造成的损失,以及违规用标行为所掩藏的质量安全隐患,正确认识证明商标所有人所处的法律地位和应承担的法律责任,积极配合国家执法部门,做好对用标企业的监督管理工作。

2. 质量管理

质量管理工作主要是通过为企业提供技术咨询服务,指导、监督其生产过程;依靠农业、质量监督部门对产品进行抽查检测;配合执法机构对市场流通领域监督管理,从而保证产品质量的稳定和提高。质量管理主要依靠年检和抽检的手段来完成。年检是指中国绿色食品发展中心及其委托管理机构对获得绿色食品标志使用权的企业,在一个标志使用年度内的绿色食品生产经营活动、产品质量状况及标志使用行为实施的监督、检查、考核、评定等措施,主要采取产品质量年度抽检和企业实地检查方式进行。

3. 收费管理

收费管理是标志管理工作的重要组成部分，是依据有关规定，对相关企业的行为责任进行的监督管理。收费工作不仅关系到中心工作的正常运转，也关系到各委托管理机构工作的开展，绿色食品基本制度的建立和有效实施，以及绿色食品事业的发展。

4. 绿色食品证书颁发及管理

绿色食品证书实行“一品一证”管理制度，即为每个通过绿色食品标志许可审查合格产品颁发一张证书。证书内容包括产品名称、商标名称、生产单位及其信息编码、核准产量、产品编号、标志使用许可期限、颁证机构、颁证日期等。证书有效期为三年，自中国绿色食品发展中心与标志使用人签订绿色食品标志使用合同之日起生效。经审查合格，准予续展的，证书有效期自上期证书有效期期满次日计算。在证书有效期内，标志使用人应该接受年度检查，检查合格的，由省级工作机构在证书上加盖年度检查合格章。

5. 绿色食品证书变更

标志使用人向所在地省级工作机构提出申请，并根据证书变更事项提交以下相应的材料：

(1)证书变更申请书。

(2)证书原件。

(3)标志使用人单位名称变更的，须提交行政主管部门出具的变更批复复印件及变更后的营业执照复印件。

(4)商标名称变更的，须提交变更后的商标注册证复印件。

(5)如获证产品为预包装食品，须提交变更后的预包装食品标签设计样张。

(6)标志使用人拆分、重组与兼并的，须提供拆分、重组与兼并的相关文件，省级工作机构现场确认标志使用人作为主要管理方，且产地环境、生产技术、质量管理体系等未发生变化，并提供书面说明。

6. 绿色食品企业年检

指绿色食品工作机构对辖区内获得绿色食品标志使用权的企业在一个标志使用年度内的绿色食品生产经营活动、产品质量及标志使用行为实施的监督、检查、考核、评定等。

年检的主要内容：通过现场检查企业的产品质量及其控制体系状况、规范使用绿色食品标志情况和按规定缴纳标志使用费情况等。

年检工作由省级工作机构负责组织实施，标志监管员具体执行。年检合格，在绿色食品证书上加盖年检合格章。

四、绿色食品续报程序及标志使用规定

(一)续报工作程序

(1)绿色食品生产企业须在绿色食品标志使用许可期限到期之前3个月向当地绿色食品办公室提出续报申请。

(2)各地绿色食品办公室在接到企业申请一周之内向企业发出书面受理通知，同时传真到中国绿色食品发展中心备案。

(3)各地绿色食品办公室在发出受理通知后1个月内须完成材料初审、考察报告撰写工

作,并报送中心。

(4)中国绿色食品发展中心将对续报企业提供优先、快捷的服务,符合标准的续报企业,中心在收到绿办上报的材料后1个月内完成新证颁发工作。

(二)续报标志使用规定

(1)获得标志使用权后,绿色食品生产企业要按规定尽快将标志使用在证书指定的产品和核定产量的产品包装上。

(2)标志在包装标签上的使用须严格执行《中国绿色食品商标标志设计规范手册》的规定。

(3)续报企业按规定时间提出续报申请,完成续报工作后,新证书有效使用期从上一使用期到期之日计。

(4)按规定续报并领取新证书的企业,原则上从新证书生效之日起使用新编号的包装,凡带有老编号的包装应及时处理,不得再流入市场。

①如规模较大的企业,并已按认证规模印制包装,因合理原因,导致大量老编号包装到期未用完的,须经绿办和中心核准后公告延用老编号包装,延期使用时间不超过六个月。超认证规模印制的老编号包装不准延期使用。

②虽按规定续报但不符合标准的企业,标志使用期到期之后无权再使用标志,中心将公告其已丧失标志使用权。

(5)续报企业未按规定时间提出续报申请,到期后无权再使用标志。超过续报规定时间提出申请的企业,按新申报企业对待,批准之后方可使用绿色食品标志。

(6)到期自动放弃续报的企业,到期之后即无权再使用标志,并要按照有关规定及时处理带有标志的产品和包装。

【技能训练】

绿色食品申报材料的编制

目的要求:训练学生绿色食品申报认证文件的编制能力,进一步掌绿色食品认证管理的相关要求。

训练素材:现有一家已注册有商标的新疆葡萄酒加工企业,计划将玛纳斯县原料基地的合同种植户统一按“公司十基地+农户”的形式申请绿色食品认证。请在收集相关素材资料的基础上编制全套申报材料。

方法步骤

1. 授课教师事前准备好相关数据资料及申报表格;
2. 以3～4人为一组填写认证文件。

【目标检测】

一、选择题

1. 全球农业发展模式包括(　　)。

A. 主流模式　　B. 可持续模式　　C. 生态模式　　D. 以上都不是

2. 安全食品是一类无污染食品的统称，目前安全食品包括(　　)。
A. 无公害食品　　B. 绿色食品　　C. 有机食品　　D. 保健食品
3. 绿色食品生产目的包括(　　)。
A. 通过生产绿色食品，保护自然资源
B. 通过绿色食品的消费，增进人们的身体健康
C. 通过生产和消费绿色食品，促进社会、经济、生态良性循环和协调发展
D. 通过生产绿色食品，保护生态环境
4. 绿色食品生产特点有(　　)。
A. 绿色食品出自良好的生态环境
B. “从土地到餐桌”全程质量控制
C. 绿色食品标志受《中华人民共和国商标法》法律保护
D. 绿色食品都是绿颜色的
5. 绿色食品的内涵包括(　　)。
A. 遵循可持续发展原则　　B. 按照特定生产方式进行生产
C. 经专门机构认证　　D. 许可使用绿色食品标志
E. 无污染、安全、优质的营养食品
6. 绿色食品基地种类包括(　　)。
A. 绿色食品原料(初级产品)生产基地
B. 绿色食品加工产品生产基地
C. 绿色食品综合生产基地(同时具有初级产品与加工产品)
D. 天然无污染区
7. 绿色食品初级产品生产基地标准应满足以下哪些条件？(　　)
A. 生产规模达到大中型企业规模
B. 基地设有专门的管理机构和生产服务体系，并制定出相应技术措施和规章制度
C. 占职工总数20%以上的管理、生产人员应经培训、考核、取得上岗证
D. 具备完善的生产设施，保证稳定的生产规模，具有抵御一般自然灾害的能力
E. 具备良好的生态环境，环保措施有效
8. 绿色食品加工产品生产基地标准应满足以下哪些条件？(　　)
A. 达到相应生产规模
B. 绿色食品加工产品必须为该单位的主导产品
C. 达到绿色食品初级产品生产基地标准
D. 占职工总数20%以上的管理、生产人员应经培训、考核、取得上岗证
9. 绿色食品综合生产基地标准应满足以下哪些条件？(　　)
A. 同时具有绿色食品初级产品和绿色食品加工产品
B. 同时符合绿色食品初级产品生产基地标准和绿色食品加工产品基地标准
C. 达到相应生产规模
D. 占职工总数5%以上的管理、生产人员应经培训、考核、取得上岗证
10. A级绿色绿色食品主要指(　　)。
A. 在生态环境质量符合规定标准的产地生产

B. 生产过程中基本不使用化学合成物质

C. 按特定生产操作规程生产、加工，产品质量及包装经检测、检查符合特定标准

D. 经中国绿色食品发展中心认定，许可使用A级绿色食品标志的产品

11. AA级绿色食品主要指（　　）。

A. 在生态环境质量符合规定标准的产地生产

B. 生产过程中基本不使用化学合成物质

C. 按特定的生产操作规程生产、加工，产品质量及包装经检测、检查符合特定标准

D. 经中国绿色食品发展中心认定，许可使用AA级绿色食品标志的产品

12. A级绿色食品与AA级绿色食品可通过以下哪些方面进行区别？（　　）

A. 环境评价　　B. 生产过程　　C. 产品　　D. 包装

13. 绿色食品标志的作用是（　　）。

A. 广泛传播绿色食品概念

B. 促进绿色食品企业实行名牌战略

C. 绿色食品质量要对消费者负责，还要对标志所有者负责

D. 联系生产者、管理者和监督者

14. 绿色食品标志管理原则为（　　）。

A. 自愿参与原则　　B. 公正、公平、公开原则

C. 合理分配原则　　D. 男女平等原则

15. 绿色食品认证机构包括（　　）。

A. 中国绿色食品发展中心

B. 省（自治区、直辖市）绿色食品管理机构

C. 绿色食品监测检测机构

D. 无公害食品的认证机构

二、简答题

1. 简述绿色食品产地选择的意义。
2. 简述绿色食品初级产品生产基地标准。
3. 简述绿色食品生产的目的。
4. 简述A级绿色食品与AA级绿色食品的主要区别。
5. 简述绿色食品标志的作用。

项目三
有机产品认证与管理

【学习引导】

20 世纪以来，因环境问题造成食品污染危害人们身体健康的公害事件，在许多国家时有发生。环境污染对食品安全性的威胁及对人类身体健康的危害日渐被人们所重视，民众的环境意识迅速增强，保护环境、提高食品的安全性、保障自身的健康已成为人类的共识。回归大自然，消费无公害的有机食品已经成为人们的共同需求。有机产品是否如宣传的一样更安全、更营养、更好吃，本项目将为您解答。

本项目主要学习有机农业及有机产品的概念、产生与发展，有机产品认证相关法规及标准，认证机构及检查员要求及相关实例。

【知识目标】

1. 理解有机产品的概念，知道有机产品生产关键技术环节；
2. 掌握有机农产品认证程序；
3. 熟知有机食品标准及有机农产品认证的相关规定和政策。

【技能目标】

1. 能开展有机产品生产管理；
2. 能完成有机产品认证材料准备和现场检查材料准备。

【素质目标】

1. 加强团队合作意识，具备有机产品认证工作的基本职业道德和素质；
2. 具备求真务实、创新进取、接受新知识和新信息的能力；
3. 具备文字总结能力、社会交往能力、解决问题的能力；
4. 具备诚实守信、吃苦耐劳、组织协调、分析总结的能力。

任务1　认识有机产品

一、有机农业与有机产品认证基本概念

(一)有机农业

1. 有机农业的概念

有机农业有很多概念，不同国家的描述有所差异，但是其核心内涵是一致的。IFOAM(国际有机农业运动联盟)给有机农业下的定义为：有机农业包括所有能促进环境、社会和经济良性发展的农业生产系统。这些生产系统将当地土壤肥力作为成功生产的关键。通过尊重植物、动物和景观的自然能力，达到使农业和环境各方面质量都最完善的目标。有机农业通过禁止使用化学合成的肥料、农药和药品而极大地减少外部物质投入，而强调利用强有力的自然规律来增加农业产量和抗病能力。有机农业坚持世界普遍可接受的原则，并根据当地的社会经济、地理气候和文化背景具体实施。因此，IFOAM强调和运行发展当地和地区水平的自我支持系统。从这个定义可以看出有机农业的目的是达到环境、社会和经济三大效益的协调发展。有机农业非常注重当地土壤的质量，注重系统内营养物质的循环，注重农业生产要遵循自然规律，并强调因地制宜的原则。

所以，有机农业是指遵照有机农业生产标准，在生产中不采用基因工程获得的生物及产物，不使用化学合成的农药、化肥、生长调节剂、饲料添加剂等物质，而是遵循自然规律和生态学原理，协调种植业和养殖业的平衡，采用一系列可持续发展的农业技术，维持持续稳定的农业生产过程。这些技术包括选用抗性作物品种，建立包括豆科植物在内的作物轮作体系，利用秸秆还田、施用绿肥和动物粪便等措施培肥土壤保持养分循环，采取物理的和生物的措施防治病虫草害，采用合理的耕种措施保护环境，防止水土流失，保持生产体系及周围环境的基因多样性等。

有机农业是传统农业与现代科技的结晶，生产中绝对禁止使用化学物质，因此，有机农业生产方式不仅可以解决化肥、化学农药对土壤的侵蚀和所造成的环境污染，还可以防止有益天敌因化学农药而大量死亡，以及害虫因化学农药而产生抗性的负面影响，增加生物种群的多样化，维持生态系统的稳定性。同时有机农业还可以减少农产品有毒物质的残留，生产出健康有益的安全产品(食品)，还利于保护生态环境，可以实现农业增效、农民增收，实现农业向优质、高效、安全和可持续方向发展。因此，有机农业将逐步成为当今国际性研究热点和发展方向。

2. 有机农业的起源

有机农业起源于20世纪初叶，是人类为解决现代农业带来的一系列问题和对生态环境的危害，而建立起来的一种遵循自然规律的、可持续的农业生产模式。

工业化革命以来，以高度集中、高度专业化、高劳动生产率为特征的现代农业——石油农业在发达国家取得了很大发展，成为世界农业发展的主流。但是到了20世纪70年代后，这种以重开发轻保护，重生产轻管理，重产量轻质量，重效益轻环保和高投入高产出为特征的农业生产方式产生了许多严重的问题，如植被迅速减少，水土流失加剧，土壤肥力下降，沙化和盐碱化严重，生态环境遭到严重破坏等，使农业可持续发展面临困境。因此，人类亟须在尊重自然

规律的基础上重新审视自己的农业生产方式和生活方式，重新认识大自然，了解大自然，寻找适合自己发展的农业生产方式。为探索农业发展的新途径，各种形式的替代农业，如有机农业、生物动力学农业、生态农业、持久农业、再生农业及综合农业等概念应运而生。它们虽然名称不同，但都是将农业生产建立在生态学基础上。有机农业就是在常规农业出现一系列危机的情况下，诞生的一种替代农业模式。

正是在这种理性认识的基础上，全球有机农业得到了迅速的发展。有机农业因其倡导的健康生产和健康消费观念、产品（食品）安全意识、质量标准而被广大的消费者所认可，在国际上产生了广泛而深刻的影响。

世界上最早的有机农场是由美国的罗代尔（Rodale）先生于 20 世纪 40 年代建立的“罗代尔农场”。随着现代石油农业对环境、生态和人类健康影响的日益加剧，发达国家纷纷于 20 世纪六七十年代自发建立了有机农场，开始了有机农业的实践。1972 年，全球性非政府组织——国际有机农业运动联盟（IFOAM）就是在这样的形势下在欧洲成立的，它的成立是有机农业运动发展的里程碑。

3. 有机农业的四项基本原则

IFOAM 制定的有机农业基本标准在世界范围内被广泛引用和认可。IFOAM 同时提出了发展有机农业需要遵循的四大基本原则：

（1）健康（health） 有机农业将土壤、植物、动物、微生物、人类和整个地球的健康看作一个不可分割的整体而加以维持和加强。在生产、加工、销售和消费中关注从土壤中的微生物到人类的整个生态系统和生物的健康，强调生产高质量和高营养的产品，尽量避免使用对健康产生不利影响的化学合成的肥料、农药、兽药和食品添加剂，为预防性的卫生保健和福利事业做出贡献。

（2）生态（ecology） 有机农业强调以生态平衡和循环利用为基础，在维持生产环境生态的同时实现营养和福利方面的需求。有机管理必须与当地的气候环境、生产条件、生态、文化和规模相适应，所有从事有机产品生产、加工、销售及消费有机产品的人都应为保护包括景观、气候、生境、生物多样性、大气和水在内的公共环境做出贡献。

（3）公平（fairness） 有机农业强调所有有机农业的参与者，包括生产者、加工者、分销者，贸易者和消费者建立公平的相互关系，同时应根据动物的生理和自然习性来提供给它们必要的生存条件和机会，以符合对社会和生态公正以及对子孙后代负责任的方式来利用自然和环境资源。

（4）关爱（care） 有机农业对生态系统和农业生产给予充分关注，以一种有预见性和负责任的态度来管理有机农业，以保护当前人类和子孙后代的健康和福利，同时保护环境。选择合适的技术和拒绝使用无法预知其危害的转基因工程技术，以防止发生重大风险。

这四大基本原则是有机农业得以成长和发展的根基，也体现了有机农业能为世界发展做出的贡献，在全世界范围都被接受；有利于推动有机农业的发展和全球发展有机农业的目标和共同愿景。。发展有机农业不仅能保障消费者的健康，更重要的是其旨在建立一种综合、健康和环保的可持续发展农业生产体系，建立和恢复农业生态系统的生物多样性和良性循环，使农业生态实现自我调节，农业资源实现再生利用，最终促进农业的可持续发展。

我国有着丰富的传统农业生产经验，自古以来就有使用堆肥、沤肥等农家肥的良好习惯，有进行人工锄草，物理、机械、生态和生物防治病虫草害的丰富经验，为我国有机农业的发展提供了有力的技术支持。有机农业对于保护和改善农村生态环境、建立人与自然的和谐关系，具有十分重要的意义，有机农业的生产属于劳动密集型产业，而我国农村劳动力资源丰富，能够适应有机农业对劳动力的大量需求。中国有机农业发展促进农村和谐发展的同时，将创造更多的就业机会，缓解我国农民向城市迁移和流动的压力，为稳定世界1/7左右人口的生活，保障社会和谐与安定做出重要贡献。

(二)有机产品

1. 有机产品的概念

有机产品是指来自有机生产体系，根据国际有机农业生产要求和相应的标准生产、加工和销售，并通过独立的第三方有机产品认证机构认证的供人类、动物食用和使用的产品。包括有机食品、有机纺织品、有机化妆品、有机生产资料、有机动物饲料等。

有机食品是指供人类食用的有机产品，包括粮食、蔬菜、水果、乳制品、畜禽产品、蜂产品、水产品、调味料等。

2. 有机产品的特征

有机产品必须同时具备以下四个条件：

(1)原料必须来自已经建立或正在建立的有机农业生产体系，或采用有机方式采集的野生天然产品；

(2)产品在整个生产过程中必须严格遵循有机产品的加工、包装、贮藏、运输等要求；

(3)生产者在有机产品的生产和流通过程中，有完整的跟踪审查体系和完整的生产、销售的档案记录；

(4)必须通过独立的有机产品认证机构的认证检查。

(三)认证

认证是一种合格评定活动，是指与产品、过程、体系或人员有关的第三方的证明。通俗地说，就是指由具备第三方性质的认证机构证明产品、服务、管理体系、人员符合相关标准和技术规范的合格评定活动。因此，认证活动的行业属性可以概括为一种符合性评定，属于现代服务业范畴。

认证作为一种符合性评定活动，不仅需要依据一定的标准和程序做出符合性判断，还需要通过出具书面证明对评定结果加以确认，其介于供需双方之间。认证结果通常以认证证书、标志等书面形式向社会公示，通过这种公示性证明，解决信息不对称问题，以获得相关方和社会公众的普遍信赖。我国《中华人民共和国认证认可条例》规定，认证是指由认证机构证明产品、服务、管理体系符合相关技术规范、相关技术规范的强制性要求或者标准的合格评定活动。

由以上定义可以看出，认证包含如下要素：

(1)认证的对象是产品、服务、管理体系或人员；

(2)标准是认证的基础；

(3)评定的方法包括对产品质量的抽样检验和对企业质量体系的审核和评定；

(4)认证的证明方式有认证证书和认证标志；

(5)认证是第三方认证机构从事的活动。

对一种认证制度的把握，应从以上几个要素入手，进行比较和分析。

在科技、信息、知识飞速发展的现代社会，普通消费者缺乏选购商品所需的专业知识，也不具备检验商品所需的技术手段。作为国际通行的合格评定制度,认证不仅是提升质量管理水平的基础手段,更重要的是在贸易各方之间传递信任。因此认证的一个本质属性是传递信任、服务发展。认证具有市场化特征,认证起源于市场、服务于市场、发展于市场,广泛存在于产品和服务等市场交易活动之中,能够在市场中传递权威可靠的信息,建立市场信任机制,引导市场优胜劣汰。获得第三方的认证认可,能够显著增进市场各方的信任,从而解决市场中信息不对称的问题,有效降低市场交易风险。

(四)有机产品认证

根据《有机产品认证管理办法》,有机产品认证是指"认证机构依照本办法的规定,按照有机产品认证规则,对相关产品的生产、加工和销售活动符合中国有机产品国家标准进行的合格评定活动。"根据 GB/T 19630—2019,有机产品是指"有机生产、有机加工的供人类消费、动物食用的产品",有机产品既包括农产品也包括加工产品,其不仅包括有机食品,还包括棉、麻、竹、服装、饲料等非食品。2022 年发布的《有机产品认证目录》中包括 47 个产品类别,涉及 1 257 种产品。

一般的产品认证主要是对产品的外观、规格以及若干构成产品内在品质的指标所做的定性和定量描述,并规定了产品品质的标准检测方法。通过产品抽样检测,了解和控制产品的质量。有机产品认证是一个在一般产品认证的基础上更加注重过程管理的认证制度,是对一种特定生产体系的共性要求,遵守这种生产规范生产出来的产品经认证获得有机产品认证证书后方可作为有机产品进行销售,并可在产品、销售包装或标签上使用有机产品认证标志。

有机产品认证机构为有机生产企业及其产品发放认证证书之前要对企业质量管理体系的有效性进行检查和评定,只有生产活动和产品完全符合标准要求,才能获得认证。有机产品认证标志能明确地将有机产品与非有机产品区分开来,带有认证标志的有机产品在市场上具有更强的竞争力,会受到消费者普遍的信任,有效地防止假冒和低劣产品侵害消费者的利益,采购商、贸易商、监管部门也能利用认证信息对产品进行追溯和监管。

(五)有机食品、绿色食品、无公害农产品的区别(图 3-1)

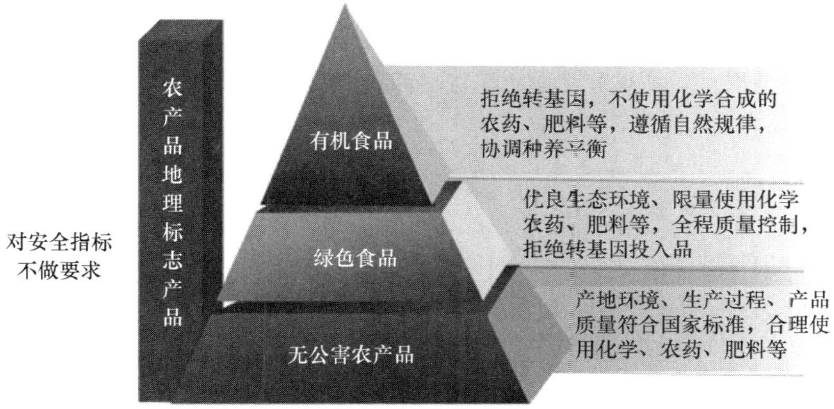

图 3-1 "三品"的区别

无公害农产品是指产地环境、生产过程、产品质量符合国家有关标准和规范要求,经认证合格获得认证证书并允许使用无公害农产品标志的未经加工或初级加工的食用农产品。市场定位是保障基本安全，满足大众消费，认证方式是产地认定与产品认证相结合。推动机制属于公益性事业，政府推动，不收取认证费用。目前，该项工作已暂停。

绿色食品是指产自优良生态环境、按照绿色食品标准生产、实行全程质量控制并获得绿色食品标志使用权的安全、优质食用农产品及相关产品。绿色食品主要侧重于产品质量、产地环境等符合相关标准要求，属中国特色的一种认证形式。市场定位是满足国内大中城市和国际市场，满足更高层次消费，认证方式是质量认证与证明商标管理相结合，推动机制是政府推动与市场拉动相结合。

有机食品是指按照有机方式生产、加工，产品符合国际或国家有机产品要求和标准，并通过国家认证机构认证的一切农副产品及其加工品。市场定位是主要服务于出口贸易，满足国内外高端消费。认证方式是完全独立的第三方认证，证书有效期一年。推动机制是市场化运作。

二、有机产品认证相关法规及标准

《有机产品认证管理办法》《有机产品认证实施规则》《中国有机产品国家标准》(GB/T 19630—2019)及《有机产品认证目录》四个重要文件，构成了我国有机产品认证制度的核心，此外，也存在其他相关的法律法规和文件共同支撑有机产品认证制度的有序运行。按照法律效力，我国现有的与有机产品认证有关的法律法规和标准、文件体系可分为法律、行政法规和行政法规性文件、部门规章、行政规范性文件、国家标准及其他文件。

1. 法律

包括《中华人民共和国食品安全法》《中华人民共和国产品质量法》《中华人民共和国农产品质量安全法》《中华人民共和国进出口商品检验法》《中华人民共和国标准化法》《中华人民共和国计量法》等，分别从不同角度规定了国家推行产品质量认证制度和管理体系认证制度及在不同领域利用和推动认证认可工作及采信其结果的政策和方式。

2. 行政法规和行政法规性文件

包括《中华人民共和国认证认可条例》《中华人民共和国标准化法实施条例》《中华人民共和国计量法实施条例》等，是规范我国认证认可活动的重要法规。

3. 部门规章

主要有《有机产品认证管理办法》《认证机构管理办法》《认证证书和认证标志管理办法》等。其中，《有机产品认证管理办法》是在我国进行有机产品认证相关活动必须遵守的基本法规，该办法对有机产品及有机产品认证的目的和依据、使用范围、有机产品认证活动实施、进出口和等效性管理、有机产品认证标志和证书管理、监督管理和罚则等都做出了明确的规定，目前已启动新一轮修订工作。

4. 行政规范性文件

《有机产品认证实施规则》《关于发布〈有机产品认证目录〉的公告》《关于启用国家有机产品认证标志备案系统的公告》《国家认监委关于发布有机产品认证配套文件的公告》《认监委秘书处关于发布五类有机产品认证抽样检测项目指南的通知》及其他由市场监管总局(认监委)发布的规范性文件等。

5. 国家标准

GB/T 19630—2019《有机产品　生产、加工、标识与管理体系要求》是有机产品认证依据。

6. 其他文件

GB 5084—2021　农田灌溉水质标准

GB 15618—2018　土壤环境质量　农用地土壤污染风险管控标准

GB 5749—2022　生活饮用水卫生标准

GB 3095—2012　环境空气质量标准

三、有机产品认证标识及管理

(一)有机产品标志及内涵

“中国有机产品”标志的主要图案由三部分组成，即外围的圆形、中间的种子图形及其周围的环形线条。如图 3-2 所示。

标志外围的圆形形似地球，象征和谐、安全，圆形中的“中国有机产品”字样为中英文结合方式，既表示中国有机产品与世界同行，也有利于国内外消费者识别。

标志中间类似种子的图形代表生命萌发之际的勃勃生机，象征了有机产品是从种子开始的全过程认证，同时昭示出有机产品就如同刚刚生的种子，正在中国大地上茁壮成长。

种子图形周围圆润自如的线条象征环形的道路，与种子图形合并构成汉字“中”，体现出有机产品植根中国，有机之路越走越宽广。同时，处于平面的环形又是英文字母“C”的变体，种子形状也是“O”的变形，意为“China Organic”。

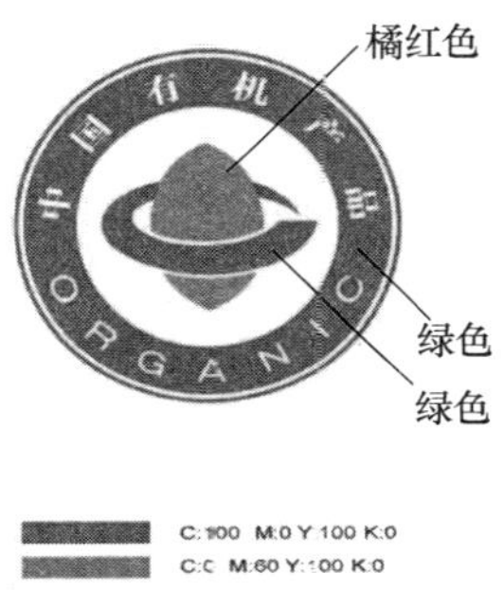

图 3-2　中国有机产品标志

标志中的绿色代表环保、健康，表示有机产品给人类的生态环境带来完美与协调。橘红色代表旺盛的生命力，表示有机产品对可持续发展的作用。

(二)有机产品认证证书基本格式

有机产品认证证书有效期最长为 12 个月。再认证有机产品认证证书有效期，不超过最近一次有效认证证书截止日期再加 12 个月。认证证书基本格式应为附件 1、附件 2、附件 3 的要求。经授权使用他人商标的获证组织，应在其有机认证证书中标明相应产品获许授权使用的商标信息。

认证证书的编号应从国家认证认可监督管理委员会(简称国家认监委)网站“中国食品农产品认证信息系统”中获取，编号规则见附件 4。认证机构不得仅依据本机构编制的证书编号发放认证证书。

附件 1

有机产品认证证书基本格式

证书编号:××××××××

认证委托人(证书持有人)名称:×××××××××××

地　　　　　　　　址:×××××××××××

生产(加工/经营)企业名称:×××××××××××

地　　　　　　　　址:×××××××××××

有机产品认证的类别:生产/加工/经营(生产类注明植物生产、野生采集、食用菌栽培、畜禽养殖、水产养殖具体类别)

认证依据:GB/T 19630 有机产品　生产、加工、标识与管理体系要求

认证范围:

序号	基地(加工厂/经营场所)名称	基地(加工厂/经营场所)地址	基地面积	产品名称	产品描述	生产规模	产量

(可设附件描述,附件与本证书同等效力)

注:

1. 经营是指不改变产品包装的有机产品储存、运输和/或贸易活动。
2. 产品名称是指对应产品在《有机产品认证目录》中的名称;产品描述是指产品的商品名(含商标信息)。
3. 生产规模适用于养殖,指养殖动物的数量。

以上产品及其生产(加工/经营)过程符合有机产品认证实施规则的要求,特发此证。

初次发证日期:××年××月××日

本次发证日期:××年××月××日

证 书 有 效 期:××年××月××日至××年××月××日

负责人(签字):×××　　　　(认证机构印章)

认证机构名称:

认证机构地址:

联系电话:

(认证机构标识)　　　　(认可标志)

附件 2

有机转换认证证书基本格式

证书编号：××××××××××××××

有机转换认证证书

认证委托人(证书持有人)名称： ×××××××××××××××××××××××

地　　　　　　　　址： ×××××××××××××××××××××××

生产(加工)企业名称： ×××××××××××××××××××××××

地　　　　　　　　址： ×××××××××××××××××××××××

有机产品认证的类别：生产/加工(生产类注明植物生产、野生采集、食用菌栽培、畜禽养殖、水产养殖具体类别)

认证依据：GB/T 19630 有机产品　生产、加工、标识与管理体系要求

认证范围：

序号	基地(加工厂)名称	基地(加工厂)地址	基地面积	产品名称	产品描述	生产规模	产量

(可设附件描述,附件与本证书同等效力)

注：

1. 产品名称是指对应产品在《有机产品认证目录》中的名称；产品描述是指产品的商品名。
2. 生产规模适用于养殖，指养殖动物的数量。

以上产品及其生产(加工)过程符合有机产品认证实施规则的要求，特发此证。

初次发证日期：　年　月　日

转换期起始时间：　年　月　日

本次发证日期：　年　月　日

证书有效期：　年　月　日　至　年　月　日

负责人(签字)：　　　　(认证机构印章)

认证机构名称：

认证机构地址：

联系电话：

(认证机构标识)　　　　(认可标志)

注：依据《有机产品认证管理办法》规定，获得有机转换认证的产品不得使用中国有机产品认证标志及标注含有“有机”“ORGANIC”等字样的文字表述和图案。

附件 3

有机产品销售证基本格式
有机产品销售证

编号(TC＃)：
认证证书编号：
认 证 类 别：
认证委托人(证书持有人)名称：
产 品 名 称：
产 品 描 述：
购 买 单 位：
数 (重) 量：
产 品 批 号：
发 票 号：
合 同 号：
交 易 日 期：
售 出 单 位：

此证书仅对购买单位和获得中国有机产品认证的产品交易有效。

发 证 日 期： 年 月 日
负责人(签字)： (认证机构印章)

认证机构名称：
认证机构地址：
联 系 电 话：

附件 4

有机产品认证证书编号规则

有机产品认证采用统一的认证证书编号规则。认证机构在食品农产品系统中录入认证证书、检查组、检查报告、现场检查照片等相关信息后，经格式校验合格后，由系统自动赋予认证证书编号，认证机构不得自行编号。

示例：

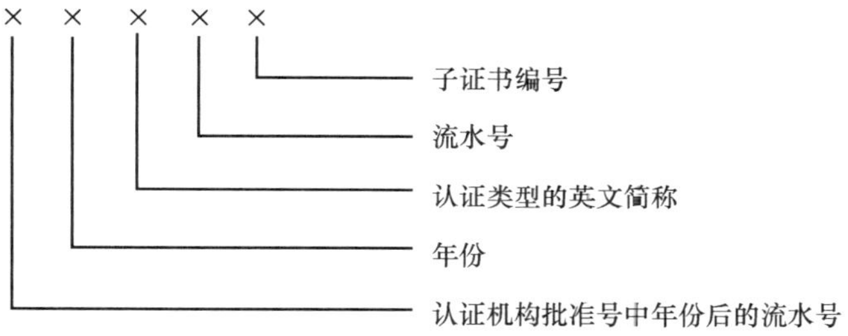

一、子证书编号

如果某张证书有子证书，那么在母证书号后加“—”和子证书顺序的阿拉伯数字。

二、流水号

为某认证机构在某个年份该认证类型的流水号，5 位阿拉伯数字。

三、认证类型的英文简称

有机产品认证英文简称为 OP。

四、年份

采用年份的最后 2 位数字，例如 2023 年为 23。

五、认证机构批准号中年份后的流水号

认证机构批准号的编号格式为“CNCA-R/RF-年份-流水号”，其中 R 表示内资认证机构，RF 表示外资认证机构，年份为 4 位阿拉伯数字，流水号是内资、外资分别的流水编号。

内资认证机构认证证书编号为该机构批准号的 3 位阿拉伯数字批准流水号；外资认证机构认证证书编号为：F＋该机构批准号的 2 位阿拉伯数字批准流水号。

六、其他

再认证时，证书号不变。

附件 5

国家有机产品认证标志编码规则

为保证有机产品认证标志的基本防伪与追溯，防止假冒认证标志和获证产品的发生，各认证机构在向获证组织发放认证标志或允许获证组织在产品标签上印制认证标志时，应赋予每枚认证标志一个唯一的编码（有机码），其编码由认证机构代码、认证标志印制年份代码和认证标志发放随机码组成。

示例：

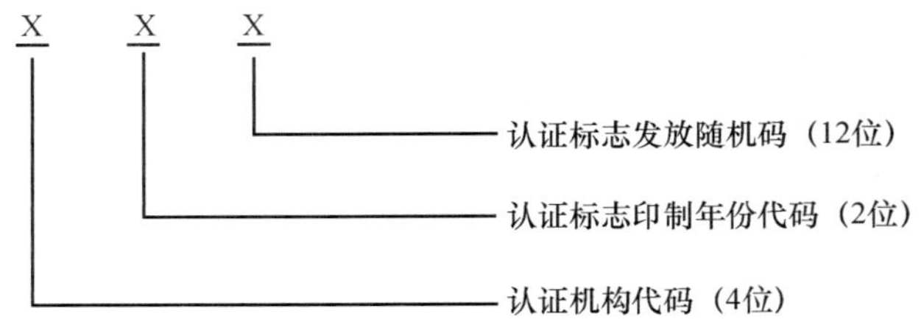

一、认证机构代码（4 位）

认证机构代码共 4 位，由认证机构批准号中年份后的流水号按如下规则构成：

内资认证机构代码取认证机构批准号的 3 位或 4 位阿拉伯数字流水号，不足 4 位在前面加零补齐。例如认证机构批准号为 CNCA-R-2002-001，认证机构代码为 0001，认证机构批准号为 CNCA-R-2022-1001，认证机构代码为 1001。

外资认证机构代码首位为数字 9，后三位取认证机构批准号的 2 位或 3 位阿拉伯数字流水号，不足 3 位在前面加零补齐。例如认证机构批准号为 CNCA-RF-2002-07，认证机构代码为 9007。

有机产品认证体系等效性备忘录框架下的境外认证机构代码首位为数字 8，后面 3 位取认监委确定的流水号，不足 3 位在前面加零补齐。

二、认证标志印制年份代码（2 位）

采用年份的最后 2 位数字，例如 2022 年为 22。

三、认证标志发放随机码（12 位）

该代码是认证机构发放认证标志数量的 12 位阿拉伯数字随机号码。数字产生的随机规则由各认证机构自行制定。

四、有机码二维码

认证机构应优先选择使用二维码查询，生成与有机码一一对应的二维码，向社会公众提供更加便捷的有机码查询方式。

（一）二维码生成规则

认证机构可以通过软件程序或工具批量制作有机码二维码。由“认监委指定查询网址+有机码”生成唯一的有机码二维码。

(二)二维码尺寸规格

根据获证产品或获证产品最小销售包装的尺寸、印刷技术，确定二维码的印刷尺寸，宜不小于7 mm×7 mm，其分辨率宜不小于300PX×300PX。

(三)二维码查询

社会公众使用认监委官方的有机码查询微信小程序扫描二维码，经过系统安全验证，系统自动展示符合查询条件的有机码及认证证书信息。

任务2　有机产品认证实施要求

一、认证机构及检查员要求

认证机构应具备《中华人民共和国认证认可条例》规定的条件和从事有机产品认证的技术能力，并获得国家认监委的批准。

有机产品认证检查员应取得中国认证认可协会的执业注册资质。

二、认证程序

(一)申请与受理

1. 申请受理基本要求

在认证受理阶段，对于认证机构来说，应当向申请者提供《有机产品认证实施规则》中规定的公开信息，如认证资质范围及有效期、认证程序和认证要求、认证依据等信息。

在申请者明确认证意向后，认证机构应向申请者发放申请书、调查表和申请资料清单，申请者可根据其有机产品生产认证或加工认证活动的需要，填写申请书和调查表，准备资料清单中需要递交的其他资料，向认证机构提出书面申请。认证机构应在申请者递交申请资料后的10个工作日进行申请文件和资料的审查，做出是否受理的决定。

2. 认证机构受理认证申请的条件

(1)认证委托人及其相关方应取得相关法律法规规定的行政许可(适用时)，生产、加工或经营的产品应符合相关法律法规、标准及规范的要求，并应拥有产品的所有权。

(2)认证委托人建立并实施了有机产品生产、加工和经营管理体系，并有效运行三个月以上。

(3)申请认证的产品应在国家认监委公布的《有机产品认证目录》内。枸杞产品还应符合《有机枸杞认证补充要求(试行)》的要求。

(4)认证委托人及其相关方在五年内未因以下情形被撤销有机产品认证证书：

①提供虚假信息。

②使用禁用物质。

③超范围使用有机认证标志。

④出现产品质量安全重大事故。

(5)认证委托人及其相关方一年内未因除(4)所列情形之外其他情形被认证机构撤销有机

产品认证证书。

(6)认证委托人未列入国家信用信息严重失信主体相关名录。

(7)认证委托人应至少提交以下文件和资料:

①认证委托人的合法经营资质文件的复印件。

②认证委托人及其有机生产、加工、经营的基本情况:

a. 认证委托人名称、地址、联系方式;不是直接从事有机产品生产、加工的认证委托人,应同时提交与直接从事有机产品的生产、加工者签订的书面合同的复印件及具体从事有机产品生产、加工者的名称、地址、联系方式。

b. 生产单元/加工/经营场所概况。

c. 申请认证的产品名称、品种、生产规模(包括面积、产量、数量、加工量等);同一生产单元内非申请认证产品和非有机方式生产的产品的基本信息。

d. 过去三年间的生产历史情况说明材料,如植物生产的病虫草害防治、投入品使用及收获等农事活动描述;野生采集情况的描述;畜禽养殖、水产养殖的饲养方法、疾病防治、投入品使用、动物运输和屠宰等情况的描述。

e. 申请和获得其他认证的情况。

③产地(基地)区域范围描述,包括地理位置坐标、地块分布、缓冲带及产地周围临近地块的使用情况;加工场所周边环境描述、厂区平面图、工艺流程图等。

④管理手册和操作规程。

⑤本年度有机产品生产、加工、经营计划,上一年度有机产品销售量与销售额(适用时)等。

⑥承诺守法诚信,接受认证机构、认证监管等行政执法部门的监督和检查,保证提供材料真实、执行有机产品标准和有机产品认证实施规则相关要求的声明。

⑦有机转换计划(适用时)。

⑧其他。

(二)检查准备与实施

认证协议签订后,认证机构即安排相关人员对该项认证进行策划,根据申请者的专业特点委派具有相应资质和能力的检查员组成检查组,向检查组下达检查任务书。认证机构应向检查员提供充分的信息,以便检查员为检查实施做适当准备。认证机构或检查员一般要对申请者递交的有机产品认证所需要的文件资料的符合性、完整性、充分性进行文审,文件审核时重点关注有机生产或加工技术规程、与保持有机完整性有关的基本情况及其控制程序、环境检测报告以及法律法规的基本要求等,将审核意见编制成文件审核报告,并提交给申请者。若申请者的文件不能完全符合要求时,一般要求申请者在双方确定的现场检查日期前将文件审核报告中提出的不符合全部纠正完毕,也可以安排检查员在现场检查中进行验证。

现场检查包括例行检查和非例行检查。例行检查包括首次认证检查和例行换证检查,也称监督检查,例行检查每年至少一次。非例行检查是在获证者中按一定比例随机抽取检查对象、或对被举报对象进行的不通知检查,也称飞行检查。检查组根据文件审核评审的结果和相关信息,对现场检查进行策划,与受检查方保持密切的沟通,确定检查的范围、场所、日期及检查组的分工等,一般以书面形式将现场检查计划通知受检查方并获得确认。

现场检查的主要工作内容是对受检查方的有机生产和加工、包装、仓储、运输、销售等过程及其场所进行检查和核实,评价这些过程是否符合认证依据的要求、技术措施和管理体系能否保证有机产品的质量，评估是否存在破坏有机完整性的风险，审核记录保持系统是否具有可追溯性，收集与支持认证决定有关的证据和材料等。

现场检查的另一项重要工作是对受检查方的有机生产或加工的能力和规模进行核实，核算认证年度中有机作物、畜禽等生产或加工产品的种类及其数量，以便在有机产品证书上予以明确界定。

现场检查包括对转换期的追溯核查、平行生产、转基因产品的核查，也包括对特殊情况和范围的检查如小农户的检查、投入物的核查等，确认生产、加工过程与认证依据标准的符合性。

检查过程至少应包括：

①对生产地块、加工、贮藏场所等的检查；

②对生产管理人员、内部检查人员、生产者的访谈；

③对 GB/T 19630 中 7.2.6 条款所规定的生产、加工记录的检查；

④对可追溯体系的评价；

⑤对内部检查和持续改进的评估；

⑥对产地环境质量状况及其对有机生产可能产生污染风险的确认和评估；

⑦对样品采集与分析；

⑧适用时，对上一年度认证机构提出的整改要求执行情况进行检查；

⑨在结束检查前，对检查情况进行总结，明确存在的问题，并确认整改的方式和期限等，同时允许被检查方对存在的问题进行说明；

⑩在完成现场检查后，根据现场检查发现，编制并向认证机构递交公正、客观和全面的关于认证要求符合性的检查报告。

(三)合格评定与认证决定

认证机构应根据评价过程中收集的信息、检查报告和其他有关信息，评价所采用的标准等认证依据及法律法规的适用性和符合性、现场检查的合理性和充分性、检查报告及证据和材料的客观性、真实性和完整性等，并重点进行有机生产和加工过程符合性判定、产品安全质量符合性判定以及产品质量是否符合执行标准的要求，最终做出能否发放证书的决定。

申请人的生产活动及管理体系符合认证标准的要求，认证机构予以批准认证。生产活动、管理体系及其他相关方面不完全符合认证标准的要求，认证机构提出整改要求，申请人已经在规定的期限内完成整改或已经提交整改措施并有能力在规定的期限内完成整改以满足认证要求的，认证机构经过验证后可批准认证。

申请人的生产活动存在以下情况之一，认证机构不予批准认证：

①未建立管理体系，或建立的管理体系未有效实施；

②使用禁用物质；

③生产过程不具有可追溯性；

④未按照认证机构规定的时间完成整改，提交整改措施，或所提交的整改措施未满足认证要求；

⑤其他严重不符合有机产品生产标准要求的事项。

认证机构应当按照认证依据的要求及时做出认证结论，并保证认证结论的客观、真实。对不符合认证要求的，应当书面通知申请人，并说明理由。根据相关认可准则的规定，认证决定可以由认证机构委托的一组人(一般称为颁证委员会、技术委员会)或某个人做出。认证机构应当对其做出的认证结论负责。

对符合有机产品认证要求的，认证机构应当向申请人出具有机产品认证证书，并准许其使用有机产品认证标志。属于有机产品转换期间的产品，不得使用有机产品认证标志，可按常规产品进行销售。

（四）监督和管理

认证机构应每年对获证组织至少安排一次获证后的现场检查。认证机构应根据获证产品种类和风险、生产企业管理体系的有效性、当地质量安全诚信水平总体情况等，科学确定现场检查频次及项目。同一认证的品种在证书有效期内如有多个生产季的，则至少需要安排一次获证后的现场检查。认证机构应在风险评估的基础上每年至少对5%的获证组织实施一次不通知检查，实施不通知检查时应在现场检查前48小时内通知获证组织。

（五）再认证

获证组织应至少在认证证书有效期结束前3个月向认证机构提出再认证申请。认证机构应在认证证书有效期内进行再认证检查。因生产季或重大自然灾害的原因，不能在认证证书有效期内安排再认证检查的，获证组织应在证书有效期内向认证机构提出书面申请说明原因。经认证机构确认，再认证可在认证证书有效期后的3个月内实施，但不得超过3个月，在此期间内生产的产品不得作为有机产品进行销售。对超过3个月仍不能再认证的生产单元，应按初次认证实施。有机产品认证流程见图3-3。

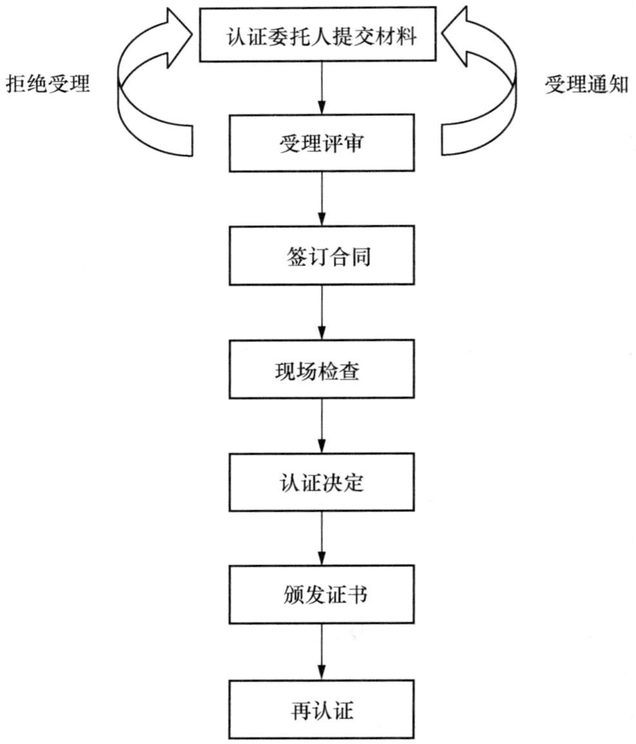

图3-3　有机产品认证流程

三、有机认证检查程序

1. 检查的启动

认证机构在受理申请后，根据申请者的专业特点和性质确定并委派检查组，向检查组下达检查任务，标志着检查活动的开始。检查组由国家注册的有机产品认证检查员组成。

认证机构在检查前下达检查任务书的内容包括但不限于：

(1)申请人的联系方式、地址等；

(2)检查依据，包括认证标准和其他相关法律法规；

(3)检查范围，包括检查产品种类和产地(基地)、加工场所等；

(4)检查要点，包括管理体系、追踪体系和投入物的使用等；对于上一年度获得认证的申请者，本次认证应侧重于检查认证机构提出的整改要求的执行情况等。认证机构根据检查类别，委派具有相应资质和能力的检查员，并应征得受检查方的同意，但受检查方不得指定检查员，对同一受检查方不能连续三年委派同一检查员实施检查。

2. 文件审核

在接收认证机构的委托之后，检查组要对即将实施的认证检查进行整体的策划，对各阶段的工作目标、活动等做出周到的安排，使得全部检查活动能够有条不紊地展开。审核时应仔细检查和阅读认证机构移交的文件资料，熟悉申请者的情况，把文件审核与检查前的准备工作有机地结合起来，在对受检查方提交的有机产品认证所需要的文件资料的符合性、完整性、充分性进行审核和基本判定的同时，熟悉受检查方基本情况。对于不明确或者有疑问的地方，应及时与受检查方沟通并予以澄清。

3. 现场检查活动的准备

现场检查活动准备的一项重要工作是编制现场检查计划，检查计划应包括检查依据、检查内容，访谈人员、检查场所及时间安排等。应在现场检查日期之前将检查计划以书面形式通知受检查方，请受检查方做好各项准备，配合现场检查工作，并得到受检查方确认。检查计划的编制应当充分考虑农业生产的特点，可以按认证标准以检查要素、生产过程编制检查计划，也可以按申请者的部门编制计划。

4. 现场检查活动的实施

现场检查的目的是根据认证依据的要求对受检查方认证产品的生产、加工等相关活动进行检查、核实和评估，确定生产过程的操作活动及其产品与标准的符合程度。

在首次会议或见面会上，检查组应向受检查方明确检查的目的、依据、范围及检查的方法和程序，就检查计划与申请方进一步沟通并予以确认，请受检查方确定作为向导、桥梁和见证作用的陪同人员，确认检查所需要的资源，向受检查方做出保密承诺，说明整改意见、不符合项、认证推荐等规定。

检查组的工作主要是在受检查方现场对照检查依据检查有机生产和加工、包装、仓储、贮运等全过程及其场所，核实保证有机生产过程的技术措施与管理措施，收集相关技术文件和管理体系文件，进行风险评估，确定是否现场抽样、收集相关证据和资料。

5. 检查报告的编制

在完成现场检查后，检查组根据现场检查发现，编制并向认证机构递交公正、客观和全面的关于认证要求符合性的检查报告。各认证机构一般都设计有固定的检查报告格式，有表格形式的，有叙述格式的，也有兼容两种格式的，主要是为了便于报告撰写者对有机认证关键控制点的描述，做到准确且不缺项。一般认证机构还要求在检查报告中对照认证依据和判定规则，对有机生产和加工过程、产品质量和安全质量等的符合性做出判定，提出是否予以颁证的推荐性意见。

任务3　有机产品认证实施案例

有机产品认证检查工作主要是核实申请者所提供的信息和资料的真实性和完整性、检查申请者的操作过程与有机产品国家标准的一致性，指导和帮助申请者提高有机生产管理技术，综合评估所有信息和实地检查情况。本任务以有机种植业的检查为例。

对有机种植业的检查主要包括：申请者基本情况，管理体系，作物种植，产品收获、运输、贮藏和包装，产品的标识与批次号，风险评估等6个方面的内容。

一、申请者基本情况

对申请者基本情况的检查内容主要包括：基地范围、转换期、平行生产、转基因。

（一）基地范围

通过对基地范围的检查，检查员可以了解到生产者对基地的所有权和经营权的合法性，申请认证的产品名称、面积、地块图的完整准确性及小农户生产情况。

（二）转换期

检查员对转换期有关内容进行检查的目的是判断生产者是否有充足的理由来确定有机转换的开始时间和缩短有机生产的转换期，以此来确定产地的转换时间。

（三）平行生产

平行生产是有机产品生产中一个非常重要的问题，因为平行生产更易造成对有机产品的污染，所以检查员在检查过程中应对平行生产进行细致的检查，查看生产者是否制定并实施了平行生产的管理制度，以明确平行生产不会给有机产品带来污染。

（四）转基因

在有机产品生产过程中不允许使用转基因技术。检查员主要通过对种子、种苗、肥料等投入品来源的调查来判断有机生产中有无引入转基因成分。

二、管理体系

对生产者管理体系的检查主要是对管理体系文件、记录、生产者所拥有的资源、内部检查制度、可追溯体系、持续改进情况的检查。

（一）基本要求

有机生产者是否按有机产品国家标准的要求建立并实施有机生产管理体系。

（二）文件要求

检查员对管理体系文件、记录进行检查的目的是核实文件的完整性、有效性。具体检查内容包括：

1. 有机生产管理体系的文件

生产者的有机生产管理体系的文件应包括以下内容：

(1)产地的位置图；

(2)有机生产质量管理手册；

(3)有机生产操作规程；

(4)有机生产的系统记录。

2. 有机生产质量管理手册

有机生产质量管理手册是阐述企业质量管理方针目标、质量管理体系和质量活动的纲领文件，是质量管理体系建立和实施中所应用的主要文件，也是质量管理体系运行中长期遵循的文件。

3. 有机生产操作规程内容

(1)作物栽培操作规程；

(2)禁止有机产品与转换期产品及非有机产品相互混合，以及防止有机产品生产过程中受到禁用物质污染的规程；

(3)作物收获规程及收获后运输、加工、贮藏等各道工序的管理规程；

(4)机械设备的维修、清扫规程；

(5)员工福利和劳动保护规程。

4. 文件的控制

有机生产管理体系所要求的文件是否最新有效，是否能够在使用时获得适用文件的有效版本。

5. 记录的控制

(1)有机生产者是否建立并保存了生产过程的记录；

(2)有机生产者的生产记录应包括以下内容：

①土地、作物种植历史记录及最后一次使用禁用物质的时间及使用量；

②种子、种苗的种类、来源、数量等信息；

③施用堆肥的原材料来源、比例、类型、堆制方法和使用量；

④控制病虫草害而施用的物质的名称、成分、来源、使用方法和使用量；

⑤产品收获、运输、贮藏、包装、标识记录；

⑥运输、贮藏等设施清洁记录；

⑦产品的出入库记录，所有购货发票和销售发票；

⑧标签及批次号的管理。

（三）资源管理

资源包括人力资源、基础设施、工作环境等方面。对生产者所拥有的资源进行检查是为了判断生产者在资源方面是否有足够的能力来安排生产。

(四)内部检查

内部检查制度对有机产品生产企业非常重要,因为有机产品是一个诚信产品,多数情况下要靠生产者自己来检查、规范自己。检查员对生产者内部进行检查的主要目的就是明确企业内部检查制度的有效性,内部检查员是否能够真正地、相对独立地进行内容检查。

(五)可追溯体系

完善的可追溯体系可以帮助生产者在产品出现问题时将损失降低到最低程度,所以可追溯体系的建立及可追溯性也是有机生产中一个非常重要的内容。检查可追溯体系的目的主要是判断可追溯体系的可追溯性。

(六)持续改进

有机产品生产者在管理体系运行过程中若发现了问题,应利用纠正和预防措施,消除不符合或潜在不符合有机生产的因素,持续改进其有机生产管理体系的有效性,促进有机生产的健康发展。

三、作物种植检查

检查员对作物种植过程进行检查时,应着重对产地范围、产地环境、缓冲带和栖息地、转换期、平行生产、转基因、种子和种苗的选择、作物栽培、土肥管理、病虫草害防治、污染控制、水土保持和生物多样性保护、生产资料仓库、农户等几个方面进行调查与核实。

1. 产地环境

通过对产地环境的调查,检查员可以对产地周围环境有一个大致的了解,同时还可以查明产地周围是否有可能给产地带来污染的污染源。

2. 缓冲带和栖息地

设置缓冲带的目的是防止有机地块受到来自常规地块的污染,检查员在实地检查时,主要应该核实缓冲带防止污染的有效性。

3. 种子和种苗的选择

检查员对种子和种苗进行检查的主要目的是查明种子或种苗的来源及其处理方式、是否为转基因种子或种苗。

4. 作物栽培

通过对作物栽培的检查,检查员可以了解到作物长势、地块轮作情况等方面的信息。

5. 土肥管理

土肥管理对作物生长非常关键。在对土肥管理进行检查时,检查员应着重调查产地土壤肥力状况、土壤肥力保持措施、所施用肥料的来源、是否施用了化肥等其他违禁物质等内容。

6. 病虫害防治

除土肥管理外,病虫害防治是作物生长过程中的又一个关键点。检查员在实地检查时应主要就当地常见的病虫害及其发生规律、现有的防治措施、是否使用了化学农药等禁用物质来防治病虫害等内容进行调查与核实。

7. 草害防治

对草害防治进行检查的主要目的是查明生产者是否使用了化学除草剂来防除杂草。

8. 污染控制系

有机生产可能的污染源主要来自灌溉、平行生产以及禁用物质的使用。检查员在实地检查时应重点关注。

9. 水土保持和生物多样性保护

通过对水土保持和生物多样性的检查，检查员可以对产地水土保持情况及生物多样性有一个大致的了解。

10. 生产资料仓库

在产地实地检查时，检查员还应对生产资料仓库进行检查，其主要目的就是查明仓库内是否储藏有违禁物质，违禁物质是否用于有机地块。

11. 农户调查

农户调查是检查员进行实地检查时的一项重要的内容。在与农户进行交谈时，检查员应重点对农户的培训情况、种子或种苗、施肥、灌溉、病虫草害防治、收获、轮作、平行生产进行调查。同时还要将农户提供的信息与生产管理人员提供的信息相对照，若两者存在不一致的情况，检查员还应查明详细的原因。

12. 产品收获、运输、贮藏和包装检查

对产品收获、运输、贮藏和包装环节进行检查的主要目的是查明有机产品在收获、运输、贮藏、包装环节是否会受到污染。

13. 产品的标识与批次号

检查员在对有机产品的标识与批次号进行检查时，应主要就有机产品标识的使用与印刷、批号设置的合理性进行调查。

14. 风险评估

风险性评估应贯穿于检查的全过程，在检查时，检查员要始终注意可能的污染。当发现有机生产中存在可能的污染源时，检查员应凭借专业知识及个人经验对有机生产中存在污染的风险进行评估。

四、具体案例(以种植产品为例)

CTJC/JL-SL-O-1

有机产品认证申请书

□初评 ■再认证 □扩大/缩小/变更 □转机构

认证委托人: 新疆××××××××有限公司
委托人地址: 新疆塔城地区乌苏市×××××××××号
联 系 人: 陈××
联系电话:

新疆中信中联认证有限公司

China trust joint certification Co. lt

网址:**www. xjzxzl. com** 邮编:830002
电话/传真:

<table>
<tr><td>认证委托人名称</td><td colspan="6">新疆×××××有限公司</td></tr>
<tr><td>认证委托人地址</td><td colspan="6">新疆×××××××号</td></tr>
<tr><td>邮　编</td><td colspan="2">833000</td><td colspan="2">组织机构代码证或统一社会信用代码</td><td colspan="2">91654××××××××××</td></tr>
<tr><td>组织注册资本(万元)</td><td colspan="2">×××</td><td colspan="2">组织机构类型</td><td colspan="2">有限责任公司</td></tr>
<tr><td>法定代表人</td><td colspan="6">杨胜利</td></tr>
<tr><td rowspan="2">认证联络人</td><td>姓名</td><td>杨××</td><td>职务</td><td>管代</td><td>E-mail</td><td></td></tr>
<tr><td>手机</td><td></td><td>固定电话</td><td></td><td>传真</td><td></td></tr>
<tr><td>企业情况</td><td colspan="2">企业总人数</td><td>15</td><td colspan="2">有机管理覆盖人数</td><td>15</td></tr>
<tr><td>认证类别</td><td colspan="6">□有机产品　■有机转换期产品</td></tr>
<tr><td>认证依据</td><td colspan="6">■GB/T 19630—2019　■有机产品认证规则　■受检查方企业制定的相关体系文件
■适用的相关文件、法规要求</td></tr>
<tr><td>类型</td><td colspan="6">□初始申请　■再认证申请　□扩大申请　□缩小申请　□转机构申请　□其他</td></tr>
<tr><td>范围</td><td colspan="6">■植物生产　□野生植物采集　□食用菌栽培　□畜禽养殖　□水产养殖　□加工产品
□经营</td></tr>
<tr><td colspan="7">何时实施有机产品生产、加工:2020 年 4 月 16 日
上次获得认证的时间:2021 年 9 月 10 日　　期望现场检查时间:2022 年 7 月 1 日至 2022 年 8 月 30 日</td></tr>
</table>

新疆中信中联认证有限公司:

本单位已获取你公司的公开文件,充分了解了相关认证认可的法律法规及你机构的认证要求,自愿向你机构提出有机产品认证申请。作为认证委托人,在此郑重声明并承诺如下:

1. 守法诚信,未被列入国家信用信息严重失信主体相关名录;同意遵守上述认证依据以及相关技术规范和适用的法律法规的要求进行生产,确保认证产品质量始终符合相关的产品标准、技术规范和其他特殊要求及认证规则的要求,不将产品质量责任转移给 CTJC 或相关检测机构及人员,并拥有产品的所有权。

2. 接受 CTJC 对生产单元的全部生产活动进行现场检查,包括文件评审、人员访谈、进入认证所涉及的所有区域(包括非有机生产单元或在所有权或管理上相关联的单元)进行检查、对管理体系文件与记录进行审核、产量核算及追溯体系验证、采样检测、获证后的监督管理,以及解决投诉等的有关活动。同时,接受认可机构和认证监管等行政执法部门的监督和检查。

3. 若存在分包生产,保证分包方接受 CTJC 检查,对分包方的生产和加工以及分包方出现不符合有机产品要求的情况下采取的措施负全部责任。

4. 遵守 CTJC 认证要求、合同、协议及相关说明的要求,正确使用认证证书、销售证书、认证标志、有机检查报告及认证产品检测报告等进行销售和宣传等活动。

5. 如果认证证书被暂停、撤销或注销,将立即停止使用相应的认证证书和认证标志,同时停止涉及相关认证内容的广告宣传。认证证书暂停期间,应封存带有有机产品认证标志的相应批次产品。认证证书被注销或撤销的应将注销、撤销的有机产品认证证书和未使用的标志交回 CTJC,或在 CTJC 的监督下销毁剩余标志和带有有机产品认证标志的产品包装,必要时,召回相应批次带有有机产品认证标志的产品。

续表

6. 如果发现或怀疑存在影响认证产品的或接收产品有机状态的不符合时，会及时封存并从市场撤回相关批次产品，同时通报 CTJC。如经 CTJC 调查确认后符合相关有机标准，则恢复产品的有机状态，否则作为常规产品处理。 7. 按照与 CTJC 签订的合同的约定建立信息通报制度，及时向 CTJC 通报企业变更、质量安全等重大信息。 8. 当申请认证的生产单元接受多个认证机构检查认证时，允许这些机构之间交换相关信息。 9. 发生转机构认证时，同意转出机构向接收机构移交认证文件。 10. 我们理解 CTJC 接受本申请书，并不意味着 CTJC 必定会给予本生产单元认证。认证委托人在获得有机认证之前不能将产品作为有机产品销售。 11. 我们已阅读并理解 CTJC 公开文件，保证向 CTJC 提供的所有认证相关信息都是真实的、准确的和完整的。 我们理解签署本承诺书是 CTJC 认证工作的必要程序之一，我们完全同意遵守上述条款，我们知道违反以上条款将会导致拒绝认证、暂停认证或撤销认证。 法定代表人签字： 认证委托人（公章）： 2022 年×月××日 2022 年×月××日

1. 种植基地认证现场申请认证产品信息 □不适用

生产企业名称		新疆×××××有限公司						
生产企业地址		新疆××××××××号						
序号	基地名称	基地地址	基地面积（hm^2）	产品面积（hm^2）	产品名称	产品描述（含商标）	预计产量（t）	预计产值（总产量×市场价格）（万元）
1	××有机玉米种植基地	×××××××村	66.67	66	玉米	玉米	1 400	700

备注：

a. 产品名称应与认监委公布的最新的《有机产品认证目录》对应；产品描述可使用常用名称；

b. 基地面积为“协议”整个按照有机方式生产的基地面积，产品面积为实施有机生产相应申请认证产品的栽培面积；

c. 本表适用于作物种植、野生采集、芽苗菜等种植申请；

d. 多个生产企业，需分别填写。

2. 养殖基地认证现场申请认证产品信息 ■不适用

生产企业名称								
生产企业地址								
序号	基地名称	基地地址	基地面积(hm^2)	生产规模(头/尾/只)	产品名称	产品描述(含商标)	预计产量(t)	预计产值(总产量×市场价格)(万元)
1								
2								
3								
4								

备注:

a. 产品名称应与认监委公布的最新的《有机产品认证目录》对应;产品描述可使用常用名称;

b. 基地面积为"协议"整个基地面积,产品面积为实施有机生产相应申请认证产品的养殖面积;

c. 生产规模适用于畜禽养殖、水产养殖,其他不适用;

d. 多个生产企业,需分别填写。

3. 加工基地认证现场申请认证产品信息 ■不适用

加工企业名称							
加工企业地址							
加工厂名称							
加工厂地址							
工厂联络方式		联系人		手机		邮箱	
序号	产品名称	产品描述	商标	加工厂面积(hm^2)	原料来源(外购/自有)	预计加工量(t)	预计产值(总产量×市场价格)(万元)
1							
2							
3							

备注:

a. 产品名称应与认监委公布的最新的《有机产品认证目录》对应;产品描述可使用常用名称;

b. 加工厂面积为加工厂区建筑面积。

4. 变更申请信息表

(1)变更认证的原因 □无关

无

(2)变更信息

序号	内容	是否发生变更(是/否/无关)	如有变更,请在本栏简要说明,并提供相关材料
1	认证范围	否	
2	获证组织管理层	否	
3	有机管理体系	否	
4	生产、加工、经营场所	否	
5	生产、加工、经营过程	否	
6	获证产品的质量安全信息	否	
7	包装、贮藏、运输	否	
8	标识与销售	否	
9	其他(请说明)		

* 申请变更认证必须填写本表,请对照上次检查时实际情况,详细填写。

5. 其他信息

(1)能否安排在周六、周日进行现场检查:■是 □否;

工作时间:上午:10:00—13:30 下午:15:00—19:00

是否轮班:□是 ■否;轮班制数:

现场检查所用语言:■中文 □英文 其他:

是否需要预审:■否 □是 时间安排:

(2)是否被其他认证机构拒绝认证:□是 ■否 如有此情况,请说明拒绝原因。

(3)申请和获得其他认证的情况(■否 □是 如果是请描述):

证书类型	颁证机构	证书有效期	其他

(4)是否存在生产和(或)加工分包(■否 □是 如果是请填写下表):

工厂名称	地址	联系人	联系电话	分包过程/产品	其他

附件 1

初始认证申请材料清单

材料类型	植物生产	芽苗菜	野生采集	食用菌	畜禽养殖	水产养殖	加工	经营
有机产品认证申请书	△	△	△	△	△	△	△	△
有机产品认证调查表[(见备注 2)]	△	△	△	△	△	△	△	△
营业执照(含委托方)	△	△	△	△	△	△	△	△
野生采集证明(含委托方)			△					
动物防疫条件合格证副本(含委托方)					△			
种畜禽生产经营许可证(含委托方)					△			
屠宰许可证(含委托方)					△			
渔业捕捞许可证(含委托方)						△		
生产许可证(含委托方)							△	
农户清单、委托协议(适用时)	△	△	△	△	△	△		
种植土地/养殖土地/捕捞水域使用权/水域滩涂养殖区域/经营仓库使用的合法证明	△	△	△	△	△	△	△	△
认证委托人和生产方的书面合同、委托协议(适用时)	△	△	△	△	△	△	△	
有机管理体系文件(管理手册、操作规程)	△	△	△	△	△	△	△	△
地理位置图	△	△	△	△	△	△	△	△
种植地块/野生采集区域/畜禽养殖场/水产养殖场/加工厂/经营仓库区域及其分布图	△	△	△	△	△	△	△	△
厂区平面图;加工厂周边环境图;加工、包装车间、原料、成品仓库及相关设备的分布图;防治鼠、虫害等有害生物的捕捉器或监视器分布位置图							△	
土壤检测报告	△		△	△				
作物灌溉水质检测报告	△							
畜禽/渔业/食用菌/芽苗菜/加工厂用水水质检测报告	△	△		△	△	△	△	
大气环境检测报告或证明	△	△						
36 个月采集区域未使用禁用物质证明			△					
野生植物采集区可持续生产管理方案			△					
畜禽/水产养殖/加工排污达标检测报告或证明					△	△	△	
投入品未使用禁用及非转基因物质证明	△	△	△	△	△	△	△	
原料/外购有机产品的有机证书复印件和销售证书		△		△	△	△	△	△
包装材料符合国家卫生要求证明	△	△	△	△	△	△	△	
申请认证产品的各类包装袋(箱)及包装标签实物(样品)复印件或照片	△	△	△	△	△	△	△	

续表

材料类型	植物生产	芽苗菜	野生采集	食用菌	畜禽养殖	水产养殖	加工	经营
保护性建筑覆盖物、薄膜、防虫网证明	△	△		△				
获得有机种子和植物繁殖材料的计划	△							
轮作计划	△							
有机转换计划	△							
加工工艺流程图							△	
人员资质证明	△		△	△	△	△	△	

注：

(1)以上文件为一般性申请要求，现场检查时检查组可根据具体情况要求认证委托人提供本清单未涉及的内容；

(2)有机产品认证调查表使用说明：

类别	适用的调查表
植物生产	有机产品认证调查表(植物生产适用)
野生植物采集	有机产品认证调查表(野生植物采集适用)
食用菌	有机产品认证调查表(食用菌栽培适用)
畜禽养殖	有机产品认证调查表(畜禽养殖适用)
水产养殖	有机产品认证调查表(水产养殖适用)
加工	有机产品认证调查表(加工产品适用)
经营	有机产品认证调查表(经营产品适用)
转机构	有机产品认证调查表(认证证书转换适用)

注：复评申请时如无变化，附书面说明(负责人签字并加盖公章确认)可不再提交，由检查组现场核实。

有机产品认证调查表

（植物生产）

☐初评　■再认证　☐扩大/缩小/变更　☐转机构

认证委托人：新疆×××××有限公司

委托人地址：新疆××××××××××××××××××号

联　系　人：陈×××

联 系 电 话：186×××××××8

新疆中信中联认证有限公司

China trust joint certification Co. lt

网址：**www. xjzxzl. com**　邮编：830002

电话/传真：180×××××422　0991-3××××97

有机产品认证调查表(植物生产适用)

1. 生产单元基本情况

1)生产产地区域范围描述(包括地理位置坐标、地块分布、缓冲带及产地周围临近地块的使用情况,初级加工场所周边环境描述等。)

×××有机玉米种植基地位于×××村,有机基地总面积 66.67 hm^2,地理位置中心坐标:经度:××××,纬度×××××,基地为单独地块,东面有 5 m 宽灌木丛、8 m 宽的路和 5 m 宽林带与其他地块相隔,南面有 5 m 宽小土路、5 m 宽林带和 10 m 宽的路与番茄地相隔,西面有一部分戈壁和土堆与小麦地相隔,另一部分与小麦地相隔 8 m 的风险地区用篷布与之隔离,北面有 20 m 大路和两旁的灌木与地块隔离。

2)生产单元产品信息

(1)申请认证生产单元有机认证产品(生产计划)

生产基地名称: ×××有机玉米种植基地

生产基地地址: 乌苏市×××村

产品描述	品种	产品面积(hm^2)	栽培时间	预计收获时间	茬/年	多茬认证	产量/茬(t)
玉米	玉米	66	4 月	8—9 月	1	□是 ■否 □不适用	1 400

(2)申请认证生产单元有机生产但非申请认证产品 ■不适用

产品描述	品种	产品面积(hm^2)	栽培时间	预计收获时间	茬/年	多茬认证	产量/茬(t)
						□是 □否 □不适用	

(3)申请认证生产单元内非有机生产产品 ■不适用

产品描述	品种	产品面积(hm^2)	栽培时间	预计收获时间	茬/年	多茬认证	产量/茬(t)
						□是 □否 □不适用	

备注:

a. 此表必须覆盖全部申请认证产品,对同一作物存在一年多茬的,请列出每茬种植/收获季产量的详细信息;

b. 栽培/收获时间为栽培/收获起始时间段;

c. 当有多个生产基地时,每个生产基地分别填表。

(4)有机转换计划 □不适用

该基地不存在平行生产,目前基地为第二年转换期。

2. 本年度生产过程管理及投入品使用情况

(1)土地及种子、种苗管理情况　□不适用

①种子、种苗基本情况：

产品描述	种子/种苗来源	有机/常规	使用量(kg/hm^2)
玉米	□自留　■外购	□有机　■常规	30 kg

②若为常规种子，请提供制定和实施了获得有机种子和植物繁殖材料的计划。

③种子、种苗是否进行处理　□是　■否，若是，请描述处理种子名称、处理过程、处理使用药物。

(2)土地培肥管理情况

①生产单元采取维持和提高土壤肥力的措施方法(农业措施，如耕作或栽培方式)，请描述：

深翻养地、春季中耕、秋季部分秸秆粉碎养地、冬季休耕、外加滴灌浇水时添加有机肥等措施维持和提高土壤肥力，效果良好。

②生产单元中肥料使用情况：□不适用

产品描述	培肥管理情况				
	肥料类型	肥料来源	原料组成	施用或计划使用量(t/hm^2)	计划施用时间
玉米	有机肥	■外购　□自制	复合生物菌剂	0.034 5	2022 年 5—8 月

(3)病虫草害防治情况

①防治措施(农业措施，如物理、生物等非药物措施)，请描述：

产品描述	病虫草害管理情况		
	病虫草害名称	预计发生时间	防治措施
玉米	玉米螟	5—7 月	深翻冬季休耕，不进行防治
	灰条等杂草	5—7 月	浇水后人工除草

②药物防治情况：　■不适用

产品描述	病虫草害管理情况				
	病虫草害名称	使用物质名称	有效成分	使用量	计划施用时间

3. 用水来源

□雨水　□河水　■地下水　□市政供水　□其他水源

4. 过去三年生产历史(仅限初始申请适用) □不适用

如需要可另附页。

地块号	面积(亩)	2019 年		2020 年		2021 年	
		产品	请说明用于病虫草害控制和土壤培肥的物质、单位面积使用量,生产及收获等农事活动,以及有机禁用肥料和农药的最后一次使用日期。	产品	请说明用于病虫草害控制和土壤培肥的物质、单位面积使用量,生产及收获等农事活动,以及有机禁用肥料和农药的最后一次使用日期。	产品	请说明用于病虫草害控制和土壤培肥的物质、单位面积使用量,生产及收获等农事活动,以及有机禁用肥料和农药的最后一次使用日期。
1 号基地	1 000	青储玉米	×××××××	玉米	××××××××	玉米	××××××

5. 其他作物栽培 ■不适用

(1)设施栽培 □不适用

①设施栽培生产方式:

□土壤栽培 □基质栽培(包括客土栽培) □其他栽培方式(请说明):

②是否使用禁用物质处理设施农业的建筑材料和栽培容器? □是 □否

③是否使用基质栽培,□是 □否

若是,请说明基质成分:

④基质中使用何种土壤培肥和改良物质:

⑤使用的基质、栽培容器是否使用禁用物质处理? □是 □否

⑥是否使用动物粪肥作为肥源,□是□否

若是,请详细说明无害化处理过程:

⑦是否使用标准列出的允许使用的土壤培肥和改良物质作为辅助肥源? □是 □否

若是,请列出物质成分:

⑧是否使用辅助热源和辅助光源? □是 □否

若是,请说明采用何种辅助热源和辅助光源:

⑨是否采用措施提高环境二氧化碳浓度? □是 □否

若是,请选择采用何种措施?

□火焰　□发酵　□制作堆肥　□使用压缩气体　□其他(请说明)：

⑩是否对栽培容器进行清洁和/或消毒处理？ □是　□否

若是，采用何种物质对培养容器和生产场地进行清洁和/或消毒？

□蒸汽　□清洁剂　□消毒剂　□其他(请说明)：

⑪是否采取措施调节植物生长和发育？ □是　□否

若是，采取何种方式进行调节？

□温度　□光照　□天然植物生长调节剂　□其他

如采用天然植物生长调节剂或其他方式，请说明：

⑫是否采用了土壤再生和循环利用措施？□是　□否

若是，请说明：

⑬设施栽培采取哪些轮作或轮作替代措施？

□多种作物轮作　□与抗病植株的嫁接栽培　□夏季和冬季耕翻晒垡

□通过施用可生物降解的植物覆盖物(如作物秸秆和干草)来使土壤再生

□部分或全部更换温室土壤(但被替换的土壤应再用于其他的植物生产活动)

□其他：

⑭用于基质栽培的栽培容器是否循环使用？ □是　□否

(2)芽苗菜　□不适用

①是否使用有机生产的种子生产芽苗菜？□是　□否

若是，请提供认证证书和销售证：

②生产用水的水质是否符合 GB 5749 的要求？□是　□否

③采取何种措施和物质控制病虫害：

④采用何种物质对培养容器和生产场地进行清洁和/或消毒？

□蒸汽　□清洁剂　□消毒剂　□其他措施(请说明)：

⑤请在下表中列出所使用的清洁剂和/或消毒剂。

物质名称(商品名)	有效成分	来源	使用的作物、设施和场所	使用原因	使用时间	使用量

6. 收获

有机作物的收获方式？ □机械　■人工

7. 小农户调查　■不适用

农户名称	基地名称	基地地址	产品名称	产品面积	生产规模	预计产量	上次内部检查时间

8. 分选、清洗及其他收获后处理

(1)作物收获后是否进行在场的处理？　□是　■否

若是，请选择处理类型：

□清洁　□分拣　□脱粒　□脱壳　□切割　□保鲜　□干燥　□其他：

(2)处理过程中是否使用食品添加剂和加工助剂？ □是 ■否

若是，请列出食品添加剂和加工助剂的名称：

(3)农场内的处理区和处理设备是否同时用于有机和非有机产品？ ■是 □否

若是，采用何种方式防止混杂和污染？

□清除残物 ■处理有机作物前清理干净 □冲顶措施 □其他：

请提供处理区和处理设备平面图。

(4)是否对设备器具进行清洁或消毒？ ■是 □否；

若是，请列出清洁或消毒剂的名称：清扫后清水清洗，不使用任何清洁剂和消毒剂。

生产单元是如何防止设备残留清洁剂或消毒剂对产品造成污染？

(5)产品收获后处理过程中防治有害生物的物质及措施：收获后直接送至加工厂加工。

9. 包装、贮藏和运输

(1)包装

①产品是否包装？ □是 ■否

若是，请说明包装材质：

②是否存在二次分装/分割 □是 ■否

若是，请描述以下情况：场所名称：场所地址：二次分装/分割的主要活动：

(2)贮藏

①产品是否贮藏，□是 ■否

若是，请列出仓库贮存能力：

仓库名称/编号	贮存能力(t)	贮藏方法

备注：贮藏方法如常温、气调、温度控制、干燥和湿度调节等。

②仓库是否同时贮存有机和非有机产品，□是 ■否

若是，是否实施有机和非有机产品区分开的措施：□是 □否

请描述措施：

③贮存过程中有哪些主要有害生物及防治措施：无贮存过程

(3)运输

①生产单元采取何种运输方式：■自行运输 □外包 □客户自提

②若生产单元自行运输或运输外包，是否使用专用运输工具运输有机产品？ ■是 □否

若否，在装载有机产品前对其进行清洁，以避免常规产品混杂或禁用物质污染？

□是 □否

③在容器和/或包装物上，是否有清晰的有机标识及有关说明？ ■是 □否

10. 有机生产管理体系与资源保障

(1)文件控制

①是否按照 GB/T 19630 的要求建立管理手册、操作规程和相应的记录？ ■是 □否

②提交的管理体系文件是否是最新有效的版本？ ■是 □否

③是否保存了有效/可追溯的有机生产记录？ ■是 □否

(2)资源管理

姓名	职务	所在部门	是否有相关工作经验	是否经过有机认证方面的培训
杨××	经理	综合办	有	参加过两年的有机内审员培训
魏××	总经理	综合办	有	自学相关知识
郭××	财务	财务室	有	自学相关知识
杨××	经理	生产种植部门	有	自学相关知识

11. 标识和销售

(1)标识

产品包装、宣传品中是否使用"有机""有机产品"等字样或标识？ □是　■否

如按上述要求为申请认证的有机产品设计了包装/宣传品样本，请附上所有产品的包装/宣传品样本。

(2)上一年度有机产品销售量、销售额和主要销售市场　■不适用

全部运至自有工厂加工使用，不对外销售

产品描述	产量(t)	销售量(t)	销售额(万元)	主要销售市场	标志使用方式	标志使用量

12. 不符合整改(仅限复评企业填写)　　□不适用

上年度提出的不符合项	采取的纠正和纠正措施的实施情况
现场检查投入品记录显示公司外购有机肥 22 t，但未能提供有机肥资质证明及有机评估证明，不符合 GB/T 19630 第 4.2.7.2 条款	补充提供相关证明

有机产品认证合同评审表(示例)

认证委托人名称:新疆×××××有限公司　　**项目编号:**CTJC-O20200××-2

<table>
<tr><th>基本信息</th><th>基本评审事项</th></tr>
<tr><td>生产企业全称:
组织结构:■简单、规模小
□××××××
□×××××××××
场所:　■×××　□×××
认证范围内的员工总数:××</td><td>1. 是否按“认证申请书”附件要求提交相应的材料■是□否,若否,请将短缺部分列出:
2. 受理评审过程其他问题:无</td></tr>
<tr><td>认证委托人认证受理条件评审</td><td>1. 认证委托人及其生产企业是否符合相关法律法规(包括经营资质和或涉及行政许可)　■是□否
2. ×××××××××
3. ××××××××
4. ××××××××××</td></tr>
<tr><td>专业代码确认</td><td>有机产品
■植物生产(01.01)</td></tr>
<tr><td>认证范围确认</td><td>■在业务范围　□不在业务范围</td></tr>
<tr><td>检查能力确认</td><td>■具备×××××××　□不具备×××××</td></tr>
<tr><td>检验资源确认</td><td>■□具备××××××　□不具备×××××</td></tr>
<tr><td>抽样/送样初步确定(必要时)</td><td>■现场抽样　□×××　□×××　□×××</td></tr>
<tr><td>检查频次确定(适用项目多阶段检查)</td><td>□需要补充××××　■不需要补充××××</td></tr>
<tr><td>检查现场人日初步确定</td><td>2 人日</td></tr>
<tr><td>检查时间要求:　　年　　月</td><td>■沟通可以满足要求</td></tr>
<tr><td>认证委托人的其他要求是否能够满足</td><td>■要求能够满足</td></tr>
<tr><td>风险评估:■较低风险　□中等风险　□高风险</td><td></td></tr>
<tr><td colspan="2">■相应领域认证要求规定明确,×××××××××;
×××××××××××××;
×××××××××××××。
□相关工作未完成××××××××××××:

评审人:李××　　　　2022 年××月××日</td></tr>
</table>

有机产品认证检查任务书(示例)

项目编号:CTJC-O20200××-2

致:张×× 女士/先生

兹委托您作为检查组长,代表CTJC对 新疆××××有限公司 实施检查,现将有关事项通知如下:

1. 认证领域:□有机产品 ■有机转换期(第2次)

认证委托人名称	新疆××××有限公司	联系人	杨××
认证委托人地址	新疆×××××××××号	电话	18×××××××8

2. 认证委托人信息:

3. 认证范围:

3.1 种植

生产企业名称		×××××××			
生产企业地址		新疆××××××××××号			
序号	基地名称	基地地址	基地面积(hm^2)	产品面积(hm^2)	产品名称
1	×××有机玉米种植基地	×××××××××村	66.67	60	玉米

4. 检查要求:

4.1 检查类别:□初始检查 ■复评检查 □扩大 □监督检查 □其他

4.2 认证依据:

■相关国家法律法规、规章、行政规范性文件等

■产品认证规则/细则:有机产品认证实施规则

■产品认证标准、其他相关文件:GB/T 19630—2019

■受检查方:管理手册及其他体系文件 版本 B/0

4.3 总人日/现场检查人日数:2.5/2

4.4 时间要求:

(1)现场检查预计在2022年×月×日上午至2022年×月×日下午期间进行;

(2)检查计划在现场检查前至少5日与认证委托人进行确认;

4.5 产品抽样要求:现场抽样

5. 检查组:

编号	姓名	性别	组内职务	注册级别及证书号	专业代码	联系电话
A	张××	女	组长	20××-P1OP-×××××	OP01	13×××××××××2
B						

有机产品认证现场检查计划(示例)

生产企业名称:新疆××××有限公司　　　　**项目编号:**CTJC-O2020×××-2

1. 检查目的:

□初次:确认受检查方在拟认证产品范围内质量保证能力与产品认证要求的符合性。

■再认证:确认受检查方在认证产品范围内质量保证能力与产品认证要求的持续符合性,决定是否推荐再认证注册。

2. 检查范围:

是否为多农户组织　□是　■否;若选择是,抽样数:______

2.1　种植

生产企业名称		××××××××××						
生产企业地址		××××××××××						
序号	基地名称	基地地址	基地面积(hm^2)	产品面积(hm^2)	产品名称	产品描述(含商标)	预计产量(t)	预计产值(总产量×市场价格)(万元)
1	×××有机玉米种植基地	××××××××××村	66.67	60	玉米	玉米	1 400	700

3. 检查依据:

3.1　相关国家法律法规、规章、行政规范性文件等

3.2　有机产品认证实施规则

3.3　产品认证标准、其他相关文件:×××

3.4　受检查方:管理手册及其他体系文件

4. 检查组:

编号	姓名	性别	组内职务	注册级别及证书号	专业代码	联系电话
A	张××	女	组长	20××-P1OP-×××××	OP01	13×××××××××2
B						

5. 检查日期:2022年××月××日上午至2022年××月××日下午

6. 检查取限时间:自20××年××月××日至本次检查结束时止。需要时,可超期取证。

7. 检查日程安排:(见附页1)

8. 产品抽样:□×××××　■×××××××

9. 保密承诺:检查组承诺保守受检查方的技术、商业、管理方面的秘密。

10. 其他说明:

检查组长签字:张××　　　　**项目管理人员签字:**李××

2022年××月××日　　　　2022年××月××日

认证委托方代表签字:王××

2022年××月××日

检查日程安排(示例)

日期及时间		检查部门/场所/人员/活动	条款/要求	检查员
×月×日	10:00—10:30	领导及相关部门负责人	首次会议	A
	10:30—14:00	领导层	核实企业申请信息及资质、申投诉、诚信及媒体曝光情况、上年度不符合、证书及标志使用情况 GB/T 19630—2019　4.1.1	A
	15:00—19:00	综合办	GB/T 19630—2019　7.1/××××××	A
		销售部	GB/T 19630—2019　6.1/××××××	A
×月×日	10:00—14:00	生产技术部	GB/T 19630—2019　4.1/××××××	A
	15:00—17:30	相关部门	继续以上条款检查及补充检查	A
	17:30—18:00		检查组内部沟通	A
	18:00—18:30	领导层及相关部门	与受检查方领导沟通、交换意见，通报检查结果	A
	18:30—19:00	领导及相关部门负责人	末次会议	A

检查组长：张××　　　　　　　　**项目管理人员：**李××

2022 年××月××日　　　　　　　　2022 年××月××日

有机产品现场检查报告(示例)

认证委托方	××××有限公司	电话	××××××
地址	××省××市××县××村	邮编	×××××××
检查依据	■GB/T 19630—2019 有机产品生产、加工、标识与管理体系要求 ■CNCA-N-009:2019 有机产品认证实施规则 ■企业有机管理文件　相关法律、法规要求		
检查类型	□初次认证　■再认证		
专业代码	01.01		
产品范围	苹果		
场所范围	××省××市××县××村(××亩)		
过程范围	玉米的生产、包装、标识、贮藏、运输、销售		
检查日期	自 2022 年×月×日至 2022 年×月×日		
检查情况	检查证据:×××××× 检查发现:×××××× 检查结论:×××××		
检查组总体评价	1. 风险评估: 2. 识别的不符合项: 3. 检查组的评价及结论: 4. 需要说明的事项:		
检查组长签字:张××	日期:2022.××.××	检查组员签字:	日期:

【技能训练】

有机产品申报文件的编制

目的要求:训练学生有机产品申报认证文件的编制能力,进一步掌握有机产品认证管理的相关要求。

训练案例:假设现在新疆喀什地区有某农业高新园区,占地 100 万亩,计划对其园区内生产的 20 万亩核桃进行有机产品认证,请以此为背景编制相关认证文件。

方法步骤

1. 教师提前准备好相关数据资料及申报表格。
2. 以 3～5 人为一组填写认证文件。

【目标检测】

一、名词解释

1. 有机农业
2. 转换期
3. 缓冲带
4. 标识
5. 认证标识

二、选择题

1. 有机生产中，以下哪些物质可以用于植物生产的病虫害防治？（　　）
   A. 乙醇　　B. 液状石蜡　　C. 氢氧化钙　　D. 以上都可以
2. 人粪尿可以施用于以下哪种植物？（　　）
   A. 叶菜类植物　　B. 块茎类植物　　C. 块根类植物　　D. 以上都不可以
3. 对于芽苗菜的生产，哪一项不是必需的？（　　）
   A. 应使用有机生产的种子
   B. 应采取预防措施防治病虫害，可使用蒸汽和附录 A 表 A.3 列出的清洁剂和消毒剂对培养容器和生产场地进行清洁和消毒
   C. 生产用水水质应符合 GB 5749　　D. 需经过至少 24 个月的转换期
4. 可以施用于有机生产的矿物肥料有（　　）。
   A. 天然磷矿粉　　B. 天然氯化钾
   C. 盐酸处理过的磷矿石　　D. 天然矿物氮肥
5. 如牧场和草场仅供非草食动物使用，且有充分证据证明 12 个月以上未使用禁用物质，那么转换期可缩短到（　　）。
   A. 12 个月　　B. 6 个月　　C. 3 个月　　D. 4 个月
6. 有机养殖中，常规种母牛、马、驼每年引入的数量不应超过同种成年有机母畜总量的（　　）。
   A. 10%　　B. 20%　　C. 40%　　D. 50%
7. 有机猪的养殖中，由于有机饲料短缺，需要饲喂一定量的常规饲料，但饲喂量不得超过猪全年饲料消费量的(以干物质计)（　　）。
   A. 10%　　B. 15%　　C. 25%　　D. 60%
8. 以下哪种物质可以作为有机肉牛养殖的饲料或饲料添加剂？（　　）
   A. 鱼粉　　B. 乙醇或醋提取的饲料
   C. 加工过的动物粪便　　D. 化学合成的 B 族维生素
9. 以下哪个关于畜禽引入的说法是正确的？（　　）
   A. 引入的畜禽只要不超过所要求比例，可以不必经过转换期
   B. 引入的犊牛不一定需要经过初乳喂养
   C. 不超过 2 日龄的肉用鸡
   D. 以上说法都对

10. 猪的哺乳期应为(　　)。

A. 6 周　　B. 40 天　　C. 6 个月　　D. 45 天

11. 开放水域采捕区的野生固着生物的转换期为(　　)。

A. 6 个月　　B. 24 个月

C. 满足一定条件时可直接认证为有机产品

D. 后 2/3 养殖周期

12. 有机水产养殖中每日光照时间不应超过(　　)。

A. 12 小时　　B. 8 小时　　C. 20 小时　　D. 16 小时

13. 在不能满足水产动物营养需求时,以下哪种物质可用于投喂有机水产动物?(　　)

A. 尿素　　B. 化学提纯氨基酸

C. 合成色素　　D. 硫酸铜

项目四
地理标志产品保护

【学习引导】

地理标志是产品产地来源的重要标志，属于知识产权的一种重要类型，也是一张具备文化传承功能的地域名片。近年来，发展地理标志特色产业已成为各地发展区域特色经济、助力乡村振兴的一条重要途径。那么什么是地理标志？该怎样申请地理标志产品保护和使用地理标志专用标志呢？本项目主要学习地理标志的概念、内涵、产生与发展，地理标志产品的保护申请，地理标志专用标志使用申请等。

【知识目标】

1. 掌握地理标志的基本概念与基本知识。
2. 掌握地理标志产品保护申请流程。
3. 掌握地理标志专用标志使用申请流程。

【技能目标】

1. 能顺利完成地理标志产品保护的申请。
2. 能顺利完成地理标志产品专用标志使用的申请。

【素质目标】

1. 通过对农产品质量安全相关法律法规的学习，培养学生科学控制农产品质量的自觉性和自律性，提高学生法律意识、责任意识和安全意识。

2. 通过分析食品安全领域存在的问题和隐患，培养学生的职业责任感，以及遵纪守法、爱岗敬业、无私奉献、诚实守信、公道办事、开拓创新的职业品格和行为习惯，推动健全完善食品安全伦理体系。

任务 1 认识地理标志

一、地理标志的基本概念

地理标志并非我国自然产生的法律名词，而是在中国加入 WTO 后，根据《与贸易有关的知识产权协定》(以下称为 TRIPs 协定)所被动接受的一个概念。根据 TRIPs 协定中的定义，地理标志是指："标示出某商品来源于(世界贸易组织)某成员的地域内，或来源于该地域中的某地区或地方，而该商品的特定质量、信誉或其他特征主要归因于其地理来源"。

原产地名称也是从外国传来的概念，一般认为原产地名称是地理标志的一个下位概念。原产地名称这一说法在我国主要存在于 2005 年之前，随着 2005 年 7 月 15 日由原国家质量监督检验检疫总局颁布的《地理标志产品保护规定》的实施，《原产地域产品保护规定》同时废止，至此之后，我国普遍用地理标志代替了原产地名称这一概念。

《中华人民共和国商标法》第十六条规定，地理标志是指标示某商品来源于某地区，且该商品的特定质量、信誉或者其他特征，主要由该地区的自然因素或者人文因素所决定的标志。我国拥有丰富的地理标志产品，以农产品为主，如"金华火腿""章丘大葱""五常大米""阳澄湖大闸蟹"等。

二、我国现有的地理标志保护体系及形成原因

我国对地理标志的保护主要有三个体系。

一是以国家知识产权局为主导的，以《商标法》为主要依据的"集体商标"和"证明商标"注册保护体系；

二是以国家市场监督管理局为主导的，以《地理标志产品保护规定》为主要依据的"地理标志保护产品"登记保护体系；

三是以国家农业农村部为主导的，以《农产品地理标志管理办法》为主要依据的"农产品地理标志"认证保护体系。

2018 年根据国务院机构改革方案，将国家知识产权局(商标局)纳入国家市场监督管理总局管理，因此从机构上来讲，地理标志的管理部门有国家市场监督管理局和国家农业农村部两个部门，但法律上仍未改变三个体系并行的状态。

为什么会产生这种三大体系并行保护的状态呢？究其原因，还得回到 TRIPs 协定。在 TRIPs 协定谈判过程中，对"地理标志"保护历史最久远的两个成员国——欧盟和美国产生了分歧，欧盟(特别是法国)因具有悠久的农业生产历史，尤其是在生产葡萄酒上享誉世界，因此很早就开始了对地理标志的保护，其对地理标志采取的是专门立法的形式，形成了一套地理标志保护制度，侧重于保护生产者的利益；而美国的农业和工业建立于大量移民的基础上，与欧洲国家相比其农业生产不具备悠久的人文历史，其侧重点更偏向于保护市场化竞争，因此美国是利用商标法保护体系对地理标志进行保护，并辅以反不正当竞争法和消费者保护法对滥用地理标志的行为进行规制。因为欧盟和美国对地理标志保护体系存在较大分歧，因此在 TRIPs 协定中采取了搁置争议的解决方式，仅规定各成员国应向利害关系方提供"适当的法律手段"来保护地理标志，这种对地理标志保护手段含糊其辞的方式，直接导致了包括中国在

内的成员国在履行本条义务时有较大的选择空间。

日本选择了类似美国的商标法保护体系，韩国和我国则同时吸纳了欧盟和美国两种不同的地理标志保护模式，形成了商标保护体系和地理标志注册体系并存的局面，而我国情况更为复杂，在地理标志注册保护体系中，又分化出了国家质检总局主管的地理标志产品登记和农业部主管的农产品地理标志登记两种注册体系。

三、地理标志的发展历程

(1)2002 年 12 月修改的《农业法》第二十三条规定："符合规定产地及生产规范要求的农产品可以依照相关法律或者行政法规的规定申请使用农产品地理标志。"农产品地理标志的表述首次出现。

农产品地理标志具有 4 个独特性，即独特的自然生态环境、独特的生产方式、独特的产品品质、独特的人文历史。

拥有农产品地理标志的产品，在市场上更容易获得消费者的信赖，即使价格比普通的同类产品高，消费者也还是趋之若鹜。

另一方面，地理标志产品也能带动地方经济发展，打造地方特色经济名片，使产品具有更高的经济价值和社会价值，增加产品竞争力，也有利于获得当地政府部门的政策扶持，获得奖励机制。

总之，农产品地理标志可以形成品牌效应，增强市场竞争力，更好的保护品牌，从而提高产品附加值，还可以大大提高农民收益，推动当地经济发展。

(2)2008 年农业部启动农产品地理标志的登记、管理工作。

我国从 1999 年开始实施地理标志保护，形成了原质检总局、原工商总局(原质检总局、原工商总局地理标志相关职能已划分到国家知识产权局)、原农业部(今农业农村部)三个系统三分天下的格局。

对应的地理标志分别为国家地理标志保护产品(PGI)、地理标志商标(GI)、农产品地理标志(AGI)共三种标志(表 4-1)。

表 4-1　三种标志的对比

名称	中国地理标志	中华人民共和国 地理标志保护产品	农产品地理标志
机构	原工商总局	原质检总局	原农业部
法规	《中华人民共和国商标法》 《地理标志产品专用标志管理办法》	《地理标志产品保护规定》 《地理标志产品保护工作细则》	《中华人民共和国农业法》 《农产品地理标志管理办法》
定义	标志着某商品来源于某地区，并且该商品的特定质量、信誉或者其他特征主要由该地区的自然因素或者人文因素所决定的标志	产自特定地域，所具有的质量、声誉或其他特性本质上取决于该产地的自然因素和人文因素，经审核批准以地理名称进行命名的产品	农产品来源于特定地域，产品品质和相关特征主要取决于自然生态环境和历史人文因素，并以地域名称冠名的特有农产品标志

续表 4-1

名称	中国地理标志	中华人民共和国 地理标志保护产品	农产品地理标志
目的	通过商标法律以注册证明商标或集体商标的方式来保护地理标志	保护我国的地理标志产品，规范地理标志产品名称和专用标志的使用，保证地理标志产品的质量和特色	规范农产品地理标志的使用，保证地理标志农产品的品质和特色，提升农产品市场党争力
申请人	中请人为团体、协会或者其他组织。地理标志所标示地区的人民政府或者行业主管部门授权申请人申请注册并监督管理该地理标志	由当地县级以上人民政府指定的地理标志产品保护申请机构或人民政府认定的协会和企业提出申请，并征求相关部门意见	农产品地理标志登记申请人为县级以上地方人民政府根据相应条件择优确定的农民专业合作经济组织、行业协会等组织
标识			
	每个产品注册为证明商标或集体商标	每个产品专用标志	公共标识与地域产品名称相结合的标注

因国家行政机构调整，原国家质量监督检验检疫总局的原产地地理标志管理职能合并到国家知识产权局。

(3)2019 年 10 月 16 日，国家知识产权局发布地理标志专用标志官方标志。

根据商标法、专利法等有关规定，国家知识产权局对地理标志专用标志予以登记备案，并纳入官方标志保护。

原相关地理标志产品专用标志同时废止，原标志使用过渡期至 2020 年 12 月 31 日。

(4)2020 年 4 月，国家知识产权局发布了《地理标志专用标志使用管理办法(试行)》，2021 年 1 月 1 日起，国家启用全新的国家地理标志专用标志(图 4-1)，原有的三个标志全部废除。

图 4-1　地理标志专用标志

至此，“三标并行”的时代已经成为历史。

(5)按照中央编办构建地理标志统一认定制度有关工作要求，2022 年 3 月，农业农村部已停止了农产品地理标志登记工作，包括受理、评审、公示和公告，2022 年制定的有关登记计划也相应停止实施。

同时，农业农村部发布了“废止《农产品地理标志登记程序》”相关公告：废止第 1071 号(2008 年 8 月 1 日发布)中的《农产品地理标志登记程序》，自 2022 年 11 月 17 日起执行。

四、国家地理标志专用标志的内涵

国家知识产权局发布第 333 号公告：根据《中华人民共和国商标法》《中华人民共和国专利法》等有关规定，国家知识产权局对地理标志专用标志予以登记备案，并纳入官方标志保护。

地理标志专用标志图案和说明如下：

1. 编号

官方标志 G2019002 号。

2. 图案

见前文图 4-1。

3. 说明

(1)形状：圆形。

(2)颜色：

红色。红色色值：＃CF352E，R207 G53 B46，C16 M91 Y85 K0

金色。金色色值：＃E7BC69，R231 G188 B105，C11 M29 Y64 K0

(3)构成。地理标志专用标志(以下简称“标志”)以经纬线地球为基底，表现了地理标志做为全球通行的一种知识产权类别和地理标志助推中国产品“走出去”的美好愿景。以长城及山峦剪影为前景，兼顾地理与人文的双重意向，代表着中国地理标志卓越品质与可靠性，透明镂空的设计增强了标志在不同产品包装背景下的融合度与适应性。稻穗源于中国，是中国最具代表性农产品之一，象征着丰收。中文为“中华人民共和国地理标志”，英文为“GEOGRAPHICAL INDICATION OF P. R. CHINA”，均采用华文宋体。GI 为国际通用的“Geographical Indication”缩写名称，采用华文黑体。标志整体庄重大方，构图合理美观，体现官方标志的权威，象征中国传统的深厚底蕴，作为地理标志专用标志，具有较高的辨识度和较强的象征性。

五、地理标志的保护模式

目前，我国地理标志采取商标保护和专门保护并行的保护模式。如表 4-2。

表 4-2 地理标志的保护模式

保护模式	商标保护	专门保护	
形式	以地理标志作为“集体商标”和“证明商标”注册	“地理标志保护产品”认证	“农产品地理标志”登记
主管部门	国家知识产权局		农业农村部
法律法规依据	《商标法》《商标法实施条例》《集体商标、证明商标注册和管理办法》	《产品质量法》《标准化法》《地理标志产品保护规定》	《农产品地理标志管理办法》
申请人	申请注册“集体商标”和“证明商标”的主体为团体、协会或其他组织。前者的组织成员应来自于地理标志标示的地区范围；后者的业务范围与所监督使用的地理标志产品有关，比如，“吐鲁番葡萄”的申请主体是“吐鲁番地区葡萄产业协会”。	当地县级以上人民政府指定的地理标志保护申请机构或人民政府认定的协会和企业	申请人为县级以上地方人民政府根据下列条件择优确定的农民专业合作经济组织、行业协会等组织
有效期	注册商标有效期为 10 年	公告之日起实施保护	登记证书长期有效

任务 2 地理标志产品保护申请

一、地理标志产品保护申请

(一)申请人及产品范围要求

1. 申请人要求

由提出产地范围的县级以上人民政府或者其指定的具有代表性的社会团体、保护申请机构,可作为申请人向国家知识产权局请求受理地理标志保护产品申请。

申请保护的产品产地在县域范围内的,由县级以上人民政府提出产地范围的建议;跨县域范围的,由共同的上级地方人民政府提出产地范围的建议;跨地市范围的,由有关省级人民政府提出产地范围的建议;跨省域范围的,由有关省级人民政府共同提出产地范围的建议。

2. 产品范围要求

地理标志产品,是指产自特定地域,所具有的质量、声誉或者其他特性本质上取决于该产地的自然因素、人文因素的产品。

地理标志产品包括:

(1)来自本地区的种植、养殖产品;

(2)原材料全部来自本地区或者部分来自其他地区,并在本地区按照特定工艺生产和加工的产品。

(二)申请材料

(1)有关地方人民政府关于划定地理标志产品产地范围的建议;

(2)有关地方人民政府关于地理标志产品申请、保护机制的文件;

(3)地理标志产品的相关材料,包括:

①地理标志产品保护申请书;

②地理标志产品保护要求,包括产品名称、产品类别;申请人信息;产地范围;产品描述;产品的理化、感官等质量特色、特定声誉或者其他特性及其与产地的自然因素和人文因素之间关系的说明;作为专用标志使用管理机构的地方知识产权管理部门信息;

③产品质量检验检测报告;

④拟申请保护的地理标志产品的技术标准;

⑤产品名称长期持续使用的文献记载等材料;

⑥产品的知名度,产品生产、销售情况的说明;

⑦地理标志产品特色质量检验检测机构信息。

(4)其他说明材料或者证明材料。

(三)申请流程

(1)报送申请材料。申请人填写《地理标志产品保护申请书》,按要求将申请材料报送至省级知识产权管理部门。

(2)初审:省级知识产权管理部门对申报机构提出的建议和申报材料进行初审,初审时间一般不超过30个工作日。初审通过后，向国家知识产权局提交初审意见及相关文件。

(3)受理公告：国家知识产权局对收到的申请进行形式审查，审查合格的，在国家知识产权局公报、政府网站等媒体上向社会发布受理公告；审查不合格的，书面告知申请人。

(4)异议处理：有关单位和个人对申请有异议的，可在公告后的2个月内向国家知识产权局提出。一般由省级知识产权管理部门负责协调处理异议。

(5)技术审查：国家知识产权局按照地理标志产品的特点设立相应的专家审查委员会，负责对没有异议或者有异议但被驳回的申请进行技术审查。

(6)批准公告：审查合格的，由国家知识产权局发布批准该产品获得地理标志产品保护的公告。

二、地理标志专用标志使用申请

(一)申请人

地理标志产品产地范围内的生产者可申请使用专用标志。

(二)申请材料

①地理标志专用标志使用申请书；
②由产地知识产权管理部门出具的产地核验报告；
③地理标志产品特色质量检验检测报告；
④检验报告所依据的标准全文；
⑤营业执照复印件；
⑥生产资质复印件；
⑦其他证明材料。

(三)申请流程

1. 提出申请

申请人填写《地理标志产品专用标志使用申请书》，按要求将申请材料报送至省级知识产权管理部门。

2. 审核上报

省级知识产权管理部门对申请材料进行审核，主要审查生产者的资质、产品质量、专用标志使用管理等方面的情况。审核通过后，向国家知识产权局提供审核意见及相关材料。

3. 审核注册

国家知识产权局对申请进行审核，注册登记并发布批准专用标志使用公告。

三、地理标志产品保护申请填报实例

(一)《地理标志产品保护申请书》填报

附件 1

地理标志产品保护申请书

申请保护的地理标志产品名称：
申　　　请　　　人：
初　　审　　单　　位：

国家知识产权局
二〇二三年十一月制

地理标志产品保护申请信息表

申请人：(印章)　　　　　　　　　　　　　　　　　　　　　　日期：　　年　　月　　日

<table>
<tr><th>项目</th><th colspan="2">内容</th></tr>
<tr><td>1. 产品名称</td><td colspan="2"></td></tr>
<tr><td>2. 产品类别</td><td colspan="2"></td></tr>
<tr><td>3. 产地范围</td><td colspan="2"></td></tr>
<tr><td>4. 产品的历史渊源情况说明①</td><td colspan="2"></td></tr>
<tr><td>5. 产品的生产和销售情况说明</td><td colspan="2"></td></tr>
<tr><td>6. 产品的知名度情况说明</td><td colspan="2"></td></tr>
<tr><td rowspan="2">7. 产品质量特色说明</td><td colspan="2">感官特色：</td></tr>
<tr><td colspan="2">理化指标：</td></tr>
<tr><td>8. 产品保护要求(草稿)</td><td colspan="2"></td></tr>
<tr><td rowspan="6">9. 申请人信息</td><td>单位名称</td><td></td></tr>
<tr><td>地址</td><td></td></tr>
<tr><td>联系人</td><td></td></tr>
<tr><td>电话</td><td></td></tr>
<tr><td>传真</td><td></td></tr>
<tr><td>电子邮箱</td><td></td></tr>
<tr><td rowspan="6">10. 产品所在地知识产权管理部门信息</td><td>单位名称</td><td></td></tr>
<tr><td>地址</td><td></td></tr>
<tr><td>联系人</td><td></td></tr>
<tr><td>电话</td><td></td></tr>
<tr><td>传真</td><td></td></tr>
<tr><td>电子邮箱</td><td></td></tr>
<tr><td rowspan="6">11. 省(区、市)知识产权管理部门信息</td><td>单位名称</td><td></td></tr>
<tr><td>地址</td><td></td></tr>
<tr><td>联系人</td><td></td></tr>
<tr><td>电话</td><td></td></tr>
<tr><td>传真</td><td></td></tr>
<tr><td>电子邮箱</td><td></td></tr>
</table>

附件：××产品保护要求

① 需要附佐证材料

*** 填写要求：**

一、产品基本信息

1. 产品名称

具体产品名称。

2. 类别

产品所属类别，如农产品、食品、工艺品等。

3. 产地范围

(1)行政区域：具体的县、市、区等，若跨区域需详细说明。

(2)地理坐标：经度范围和纬度范围。

(3)自然特征描述：如位于某山脉、河流流域等，对与产品质量相关的自然特征进行简要描述。

二、产品的知名度及历史渊源

1. 知名度

(1)在国内的知名度：阐述产品在国内的销售范围、市场份额、获得的荣誉等。

(2)在国际上的知名度：如产品的出口情况、在国际市场的声誉等。

2. 历史渊源

(1)产品的历史记载：引用相关历史文献、古籍等记载，说明产品的起源和发展历史。

(2)传承情况：介绍产品的传统制作工艺、传承方式等。

三、产品的质量特色与产地自然和人文因素关系

1. 产品质量特色

(1)理化指标：列出产品的主要理化指标及数值。

(2)感官指标：描述产品的外观、色泽、气味、口感等感官特征。

2. 与产地自然因素的关系

(1)气候条件：说明当地的气候特点对产品质量的影响。

(2)土壤条件：阐述土壤的特性对产品品质的作用。

(3)水源情况：介绍水源对产品的重要性。

3. 与产地人文因素的关系

(1)传统生产工艺：详细说明独特的传统生产工艺及其传承。

(2)特殊的文化背景：如有相关文化背景，进行说明。

*** 填报注意事项：**

1. 准确填写企业信息

(1)企业名称：应与工商登记注册的名称一致，且需加盖企业公章，确保其准确性和合法性。

(2)地址：填写详细准确的企业实际经营地址，包括所在街道、门牌号等，以便后续联系与核查。

(3)法人代表：填写法定代表人的真实姓名，不可简写或错误填写，要与相关证件上的信息保持一致。

(4)联系人信息：提供可靠的联系人姓名、电话、传真和电子邮箱，保证能够及时沟通联系，避免因信息错误或不畅通导致申请过程受阻。

2. 详细阐述产品情况

(1)产品名称与特性：在申请书中准确描述产品的名称，且名称要符合相关规定，不能是通用名称。同时，详细说明产品的独特品质、特色、功能等特性，以及这些特性与地理标志的关联性，例如产品的口感、质地、营养成分等方面是如何受到当地自然因素(如气候、土壤、水质等)和人文因素(如传统工艺、生产方式等)影响的。

(2)历史渊源与知名度：介绍产品的历史发展过程，包括其起源、传承以及在当地的长期生产经营情况。如有相关的历史文献、记载、传说等可以作为证明材料一并提供，以增强产品历史渊源的可信度。此外，说明产品在市场上的知名度和声誉，例如获得的荣誉、奖项，以及在消费者中的口碑等，这有助于证明产品的价值和影响力。

(3)生产工艺与技术：清晰阐述产品的生产工艺流程，包括从原材料的选取、加工环节到成品的整个过程。对于关键的生产步骤和技术要点要详细说明，突出其独特性和专业性。如果产品的生产过程遵循特定的传统工艺或技术规范，需明确说明并提供相应的证明文件，如行业标准、地方标准或企业标准等。

(4)质量控制与检测：介绍企业为保证产品质量所采取的质量控制措施，如建立的质量管理体系、质量检测制度等。提供产品的质量检测报告，报告应由具备相应资质(如 CMA 认证)的检测机构出具，且检测报告中的产品名称、检测项目和结果等要与申请保护的产品相符，检测报告的日期应在规定的有效期内。

3. 规范填写产地信息

(1)产地范围界定：根据地理标志产品的定义和要求，明确界定产品的产地范围。产地范围应具体到乡镇一级，对于水产品养殖范围一般以自然水域界定。在申请书中需详细列出产地的经纬度、地理位置、行政区划等信息，并提供当地政府关于划定申报产品保护地域范围的建议文件或公函，文件中要标明划定依据和详细范围，确保产地范围的准确性和合理性。

(2)自然因素与人文因素说明：分析产地的自然因素(如地理环境、气候条件、土壤特性、水质情况等)和人文因素(如传统技艺、文化传承、生产习惯等)对产品质量特色形成的影响。要提供具体的证据和说明，例如相关的科学研究报告、专家论证意见、历史文献记载等，以证明产品的质量特色与产地的自然和人文因素密切相关，且这种关联性是独特的、不可替代的。

4. 其他注意要点

(1)格式与规范：按照申请书的格式要求进行填写，保持字迹清晰、排版整齐，避免出现涂改、污渍等情况，确保申请书的整洁和易读性。如有需要填写的表格或栏目，要逐一填写完整，不要遗漏任何信息。

(2)材料真实性与完整性：填写的内容和提供的证明材料必须真实可靠，不得虚假夸大或隐瞒重要信息。所有的证明材料应与申请书的内容相互印证，形成完整的证据链条。如果发现提供虚假材料，不仅会导致申请被驳回，还可能会面临法律责任。

(3)附件要求：根据申请要求，可能需要提供相关的附件材料，如营业执照、产品质量检测报告、商标注册证书、技术标准文件、历史文献资料、获奖证明等。确保附件的齐全性和有效性，并且按照规定的顺序进行装订或整理，在申请书中注明附件的名称和份数。

(4)语言表达：使用简洁明了、准确规范的语言进行表述，避免使用过于复杂或生僻的词汇和句子。申请书的内容应具有逻辑性和连贯性，能够让审核人员清晰地理解产品的特点、产地的情况以及申请保护的理由。

（二）地理标志产品专用标志使用申请书的样表及相关填写说明

地理标志专用标志使用申请书

产　品　名　称：
企　业　名　称：
统一社会信用代码：
省（区、市）知识产权管理部门：

国家知识产权局
二〇二三年十一月制

地理标志专用标志使用申请书

填表单位：(印章)　　　　　　　　　　　　日期：　年　月　日

项目	内容	
产品名称		
生产者信息	统一社会信用代码	
	企业名称	
	地址	
	法定代表人	
	注册商标	
	联系人	
	电话	
	传真	
	电子邮箱	
	企业规模	□大型　□中型　□小型　□微型
	生产资质	□生产许可证　□其他________
产地知识产权管理部门	单位名称	
	地址	
	联系人	
	电话	
	传真	
	电子邮箱	
生产者及产品情况简介		

随附：

1. 由产地知识产权管理部门出具的产地核验报告；
2. 产品检验检测报告；
3. 检验报告所依据的标准全文；
4. 营业执照复印件；
5. 生产资质复印件。

＊填写说明

一、封面

地理标志名称：具体地理标志名称。
企业名称(盖章)：企业全称。
统一社会信用代码：企业统一社会信用代码。
填报时间：具体日期。

二、企业信息

企业名称：同上面企业全称。
地址：企业详细地址。
法人代表：法人姓名。
注册商标：已注册的商标名称。
联系人：具体联系人姓名。
电话：联系电话。
传真：如有传真号码。
电子邮箱：企业邮箱地址。
企业规模：大型/中型/小型/微型(依据国家统计局划分标准)

三、企业及产品情况简介(可另附页)

详细介绍企业的发展历程、生产规模、技术实力等方面的情况，重点突出与该地理标志产品相关的内，如产品的独特品质、特色工艺、原材料来源等，以及产品在市场上的表现和声誉等。

四、产地市场监管部门信息

单位名称：具体市场监管部门名称。
地址：市场监管部门地址。
联系人：具体联系人姓名。
电话：联系电话。
传真：如有传真号码。
电子邮箱：市场监管部门邮箱地址。

＊填报注意事项：

一、企业信息部分

1. 企业名称

应与工商登记注册的名称一致，准确无误，加盖企业公章。

2. 地址

填写详细准确的企业实际经营地址，以便相关部门核查。

3. 法人代表

填写法定代表人的真实姓名，不可简写或错误填写。

4. 注册商标

如果有与申请地理标志产品相关的注册商标，需准确填写商标名称，确保其在有效期内。

5. 联系人信息

提供可靠的联系人姓名、电话、传真和电子邮箱，以便及时沟通联系。

二、企业及产品情况简介部分

1. 内容详实

详细介绍企业的发展历程、生产规模、技术实力等，突出企业在地理标志产品生产方面的专业性和优势。

2. 产品特色

重点阐述产品与该地理标志的关联性，包括独特品质、特色工艺、原材料来源等，体现产品的地域特色和独特价值。

3. 市场表现

介绍产品在市场上的销售情况、市场份额、消费者评价等，展示产品的市场竞争力和良好声誉。

4. 另附页说明

如果内容较多，可以另附页进行详细说明，但需在申请书中注明“详见附页”，并确保附页与申请书一并提交。

三、产地市场监管部门信息部分

准确填写：确保市场监管部门的单位名称、地址、联系人、电话、传真和电子邮箱等信息准确无误，以便后续沟通和审核。

四、其他注意事项

1. 格式规范

按照申请书的格式要求进行填写，字迹清晰，排版整齐，避免涂改。

2. 真实性保证

填写的内容必须真实可靠，不得虚假夸大，如有虚假信息，可能导致申请被驳回，并承担相应法律责任。

3. 附件齐全

根据要求，可能需要提供相关的证明材料，如营业执照、产品质量检测报告、商标注册证书等，确保附件齐全并与申请书一并提交。

任务 3　地理标志专用标志的使用与管理

为加强我国地理标志保护，统一和规范地理标志专用标志使用，国家知识产权局依据《中华人民共和国民法总则》《中华人民共和国商标法》《中华人民共和国产品质量法》《中华人民共和国标准化法》《中华人民共和国商标法实施条例》《地理标志产品保护规定》《集体商标、证明商标注册和管理办法》《国外地理标志产品保护办法》，制定了《地理标志专用标志使用管理办法（试行）》，于 2020 年 4 月 3 日发布了第 354 号公告，并于当日起施行。

(1)国家知识产权局负责统一制定发布地理标志专用标志使用管理要求，组织实施地理标志专用标志使用监督管理。地方知识产权管理部门负责地理标志专用标志使用的日常监管。

(2)地理标志专用标志合法使用人应当遵循诚实信用原则，履行如下义务：

①按照相关标准、管理规范和使用管理规则组织生产地理标志产品；

②按照地理标志专用标志的使用要求，规范标示地理标志专用标志；

③及时向社会公开并定期向所在地知识产权管理部门报送地理标志专用标志使用情况。

(3)地理标志专用标志的合法使用人包括下列主体：

①经公告核准使用地理标志产品专用标志的生产者；

②经公告地理标志已作为集体商标注册的注册人的集体成员；

③经公告备案的已作为证明商标注册的地理标志的被许可人；

④经国家知识产权局登记备案的其他使用人。

(4)地理标志专用标志的使用要求如下：

①地理标志保护产品和作为集体商标、证明商标注册的地理标志使用地理标志专用标志的，应在地理标志专用标志的指定位置标注统一社会信用代码。国外地理标志保护产品使用地理标志专用标志的，应在地理标志专用标志的指定位置标注经销商统一社会信用代码（图 4-2）。

图 4-2

②地理标志保护产品使用地理标志专用标志的，应同时使用地理标志专用标志和地理标志名称，并在产品标签或包装物上标注所执行的地理标志标准代号或批准公告号。

③作为集体商标、证明商标注册的地理标志使用地理标志专用标志的，应同时使用地理标志专用标志和该集体商标或证明商标，并加注商标注册号。

④在研讨会、展览、展会等公益性活动中使用地理标志专用标志的，应当向所在地省级知识产权管理部门提出备案申请，并提交以下材料：

a. 地理标志专用标志使用登记备案表；

b. 地理标志专用标志使用设计图样。

所在地省级知识产权管理部门对上述备案申请进行审查，审查合格后报国家知识产权局备案。国家知识产权局备案后，有关主体可以在公益性活动中使用地理标志专用标志。

(5)地理标志专用标志合法使用人可在国家知识产权局官方网站下载基本图案矢量图。地理标志专用标志矢量图可按比例缩放，标注应清晰可识，不得更改专用标志的图案形状、构成、文字字体、图文比例、色值等。

(6)地理标志专用标志合法使用人可采用的地理标志专用标志标示方法有：

①采取直接贴附、刻印、烙印或者编织等方式将地理标志专用标志附着在产品本身、产品包装、容器、标签等上；

②使用在产品附加标牌、产品说明书、介绍手册等上；

③使用在广播、电视、公开发行的出版物等媒体上，包括以广告牌、邮寄广告或者其他广告方式为地理标志进行的广告宣传；

④使用在展览会、博览会上，包括在展览会、博览会上提供的使用地理标志专用标志的印刷品及其他资料；

⑤将地理标志专用标志使用于电子商务网站、微信、微信公众号、微博、二维码、手机应用程序等互联网载体上；

⑥其他合乎法律法规规定的标示方法。

(7)地理标志专用标志合法使用人未按相应标准、管理规范或相关使用管理规则组织生产的，或者在2年内未在地理标志保护产品上使用专用标志的，知识产权管理部门停止其地理标志专用标志使用资格。

(8)对于未经公告擅自使用或伪造地理标志专用标志的；或者使用与地理标志专用标志相近、易产生误解的名称或标识及可能误导消费者的文字或图案标志，使消费者将该产品误认为地理标志的行为，知识产权管理部门及相关执法部门依照法律法规和相关规定进行调查处理。

(9)省级知识产权管理部门应加强本辖区地理标志专用标志使用日常监管，定期向国家知识产权局报送上一年使用和监管信息。鼓励地理标志专用标志使用和日常监管信息通过地理标志保护信息平台向社会公开。

【技能训练】

地理标志产品保护申请材料的编制

目的要求：训练专业学生地理标志产品保护申请材料收集与编制能力，进一步掌握地理标志专用标志使用管理的相关要求。

训练案例：假设现在新疆阿勒泰地区有某农业高新园区，占地80万亩，计划对其园区内生产的10万亩沙棘进行地理标志产品保护申请，请以此为背景编制相关申请材料。

方法步骤

1. 教师提前准备好相关数据资料及申报表格。
2. 以3～5人/组编制申请材料。

【目标检测】

一、选择题

1. 地理标志产品保护申请应当向(　　)提出。

A. 国家知识产权局　　B. 当地工商局

C. 当地质监局　　D. 当地农业局

2. 以下哪个不是地理标志产品保护申请所需的材料？（　　）
   A. 产品名称、类别、产地范围及地理特征的说明
   B. 产品的理化、感官等质量特色及其与产地的自然因素和人文因素之间关系的说明
   C. 产品的生产技术规范和产品的质量标准
   D. 产品的销售合同

3. 地理标志产品的专用标志由（　　）统一规定。
   A. 国家知识产权局　　B. 当地政府
   C. 行业协会　　D. 企业自行设计

4. 地理标志产品保护的有效期为（　　）年。
   A. 5　　B. 10　　C. 15　　D. 20

二、判断题

1. 任何产品都可以申请地理标志产品保护。（　　）
2. 地理标志产品保护申请只需提交产品的质量特色说明即可。（　　）
3. 地理标志产品专用标志可以随意使用。（　　）
4. 获得地理标志产品保护后，产品的质量标准可以降低。（　　）

三、简答题

1. 简述地理标志产品保护的意义。
2. 申请地理标志产品保护需要满足哪些条件？
3. 地理标志产品保护申请的流程是怎样的？

四、案例分析题

以下是某地区的一种特色农产品，拟申请地理标志产品保护。请根据以下信息回答问题：

产品名称：××苹果

产地范围：××县××镇及周边几个乡镇

产品特色：果形端正、色泽鲜艳、口感脆甜、汁多味浓。该地区气候温和，土壤肥沃，灌溉水源充足，种植历史悠久，农民有着丰富的种植经验。

(1)请分析该产品申请地理标志产品保护的优势。

(2)为该产品撰写一份地理标志产品保护申请材料的大纲。

附　　录

附录1　《中华人民共和国农产品质量安全法》

（2006年4月29日第十届全国人民代表大会常务委员会第二十一次会议通过根据2018年10月26日第十三届全国人民代表大会常务委员会第六次会议《关于修改〈中华人民共和国野生动物保护法〉等十五部法律的决定》修正 2022年9月2日第十三届全国人民代表大会常务委员会第三十六次会议修订）

第一章　总　　则

第一条　为了保障农产品质量安全，维护公众健康，促进农业和农村经济发展，制定本法。

第二条　本法所称农产品，是指来源于种植业、林业、畜牧业和渔业等的初级产品，即在农业活动中获得的植物、动物、微生物及其产品。

本法所称农产品质量安全，是指农产品质量达到农产品质量安全标准，符合保障人的健康、安全的要求。

第三条　与农产品质量安全有关的农产品生产经营及其监督管理活动，适用本法。

《中华人民共和国食品安全法》对食用农产品的市场销售、有关质量安全标准的制定、有关安全信息的公布和农业投入品已经作出规定的，应当遵守其规定。

第四条　国家加强农产品质量安全工作，实行源头治理、风险管理、全程控制，建立科学、严格的监督管理制度，构建协同、高效的社会共治体系。

第五条　国务院农业农村主管部门、市场监督管理部门依照本法和规定的职责，对农产品质量安全实施监督管理。国务院其他有关部门依照本法和规定的职责承担农产品质量安全的有关工作。

第六条　县级以上地方人民政府对本行政区域的农产品质量安全工作负责，统一领导、组织、协调本行政区域的农产品质量安全工作，建立健全农产品质量安全工作机制，提高农产品质量安全水平。县级以上地方人民政府应当依照本法和有关规定，确定本级农业农村主管部门、市场监督管理部门和其他有关部门的农产品质量安全监督管理工作职责。各有关部门在职责范围内负责本行政区域的农产品质量安全监督管理工作。乡镇人民政府应当落实农产品质量安全监督管理责任，协助上级人民政府及其有关部门做好农产品质量安全监督管理工作。

第七条　农产品生产经营者应当对其生产经营的农产品质量安全负责。

农产品生产经营者应当依照法律、法规和农产品质量安全标准从事生产经营活动，诚信自律，接受社会监督，承担社会责任。

第八条　县级以上人民政府应当将农产品质量安全管理工作纳入本级国民经济和社会发展规划，所需经费列入本级预算，加强农产品质量安全监督管理能力建设。

第九条 国家引导、推广农产品标准化生产，鼓励和支持生产绿色优质农产品，禁止生产、销售不符合国家规定的农产品质量安全标准的农产品。

第十条 国家支持农产品质量安全科学技术研究，推行科学的质量安全管理方法，推广先进安全的生产技术。国家加强农产品质量安全科学技术国际交流与合作。

第十一条 各级人民政府及有关部门应当加强农产品质量安全知识的宣传，发挥基层群众性自治组织、农村集体经济组织的优势和作用，指导农产品生产经营者加强质量安全管理，保障农产品消费安全。

新闻媒体应当开展农产品质量安全法律、法规和农产品质量安全知识的公益宣传，对违法行为进行舆论监督。有关农产品质量安全的宣传报道应当真实、公正。

第十二条 农民专业合作社和农产品行业协会等应当及时为其成员提供生产技术服务，建立农产品质量安全管理制度，健全农产品质量安全控制体系，加强自律管理。

第二章 农产品质量安全风险管理和标准制定

第十三条 国家建立农产品质量安全风险监测制度。

国务院农业农村主管部门应当制定国家农产品质量安全风险监测计划，并对重点区域、重点农产品品种进行质量安全风险监测。省、自治区、直辖市人民政府农业农村主管部门应当根据国家农产品质量安全风险监测计划，结合本行政区域农产品生产经营实际，制定本行政区域的农产品质量安全风险监测实施方案，并报国务院农业农村主管部门备案。县级以上地方人民政府农业农村主管部门负责组织实施本行政区域的农产品质量安全风险监测。

县级以上人民政府市场监督管理部门和其他有关部门获知有关农产品质量安全风险信息后，应当立即核实并向同级农业农村主管部门通报。接到通报的农业农村主管部门应当及时上报。制定农产品质量安全风险监测计划、实施方案的部门应当及时研究分析，必要时进行调整。

第十四条 国家建立农产品质量安全风险评估制度。

国务院农业农村主管部门应当设立农产品质量安全风险评估专家委员会，对可能影响农产品质量安全的潜在危害进行风险分析和评估。国务院卫生健康、市场监督管理等部门发现需要对农产品进行质量安全风险评估的，应当向国务院农业农村主管部门提出风险评估建议。

农产品质量安全风险评估专家委员会由农业、食品、营养、生物、环境、医学、化工等方面的专家组成。

第十五条 国务院农业农村主管部门应当根据农产品质量安全风险监测、风险评估结果采取相应的管理措施，并将农产品质量安全风险监测、风险评估结果及时通报国务院市场监督管理、卫生健康等部门和有关省、自治区、直辖市人民政府农业农村主管部门。

县级以上人民政府农业农村主管部门开展农产品质量安全风险监测和风险评估工作时，可以根据需要进入农产品产地、储存场所及批发、零售市场。采集样品应当按照市场价格支付费用。

第十六条 国家建立健全农产品质量安全标准体系，确保严格实施。农产品质量安全标准是强制执行的标准，包括以下与农产品质量安全有关的要求：

（一）农业投入品质量要求、使用范围、用法、用量、安全间隔期和休药期规定；

（二）农产品产地环境、生产过程管控、储存、运输要求；

（三）农产品关键成分指标等要求；

（四）与屠宰畜禽有关的检验规程；

（五）其他与农产品质量安全有关的强制性要求。

《中华人民共和国食品安全法》对食用农产品的有关质量安全标准作出规定的，依照其规定执行。

第十七条 农产品质量安全标准的制定和发布，依照法律、行政法规的规定执行。

制定农产品质量安全标准应当充分考虑农产品质量安全风险评估结果，并听取农产品生产经营者、消费者、有关部门、行业协会等的意见，保障农产品消费安全。

第十八条 农产品质量安全标准应当根据科学技术发展水平以及农产品质量安全的需要，及时修订。

第十九条 农产品质量安全标准由农业农村主管部门商有关部门推进实施。

第三章 农产品产地

第二十条 国家建立健全农产品产地监测制度。

县级以上地方人民政府农业农村主管部门应当会同同级生态环境、自然资源等部门制定农产品产地监测计划，加强农产品产地安全调查、监测和评价工作。

第二十一条 县级以上地方人民政府农业农村主管部门应当会同同级生态环境、自然资源等部门按照保障农产品质量安全的要求，根据农产品品种特性和产地安全调查、监测、评价结果，依照土壤污染防治等法律、法规的规定提出划定特定农产品禁止生产区域的建议，报本级人民政府批准后实施。

任何单位和个人不得在特定农产品禁止生产区域种植、养殖、捕捞、采集特定农产品和建立特定农产品生产基地。

特定农产品禁止生产区域划定和管理的具体办法由国务院农业农村主管部门商国务院生态环境、自然资源等部门制定。

第二十二条 任何单位和个人不得违反有关环境保护法律、法规的规定向农产品产地排放或者倾倒废水、废气、固体废物或者其他有毒有害物质。

农业生产用水和用作肥料的固体废物，应当符合法律、法规和国家有关强制性标准的要求。

第二十三条 农产品生产者应当科学合理使用农药、兽药、肥料、农用薄膜等农业投入品，防止对农产品产地造成污染。

农药、肥料、农用薄膜等农业投入品的生产者、经营者、使用者应当按照国家有关规定回收并妥善处置包装物和废弃物。

第二十四条 县级以上人民政府应当采取措施，加强农产品基地建设，推进农业标准化示范建设，改善农产品的生产条件。

第四章 农产品生产

第二十五条 县级以上地方人民政府农业农村主管部门应当根据本地区的实际情况，制定保障农产品质量安全的生产技术要求和操作规程，并加强对农产品生产经营者的培训和指导。

农业技术推广机构应当加强对农产品生产经营者质量安全知识和技能的培训。国家鼓励科研教育机构开展农产品质量安全培训。

第二十六条 农产品生产企业、农民专业合作社、农业社会化服务组织应当加强农产品质量安全管理。

农产品生产企业应当建立农产品质量安全管理制度，配备相应的技术人员；不具备配备条件的，应当委托具有专业技术知识的人员进行农产品质量安全指导。

国家鼓励和支持农产品生产企业、农民专业合作社、农业社会化服务组织建立和实施危害分析和关键控制点体系，实施良好农业规范，提高农产品质量安全管理水平。

第二十七条 农产品生产企业、农民专业合作社、农业社会化服务组织应当建立农产品生产记录，如实记载下列事项：

（一）使用农业投入品的名称、来源、用法、用量和使用、停用的日期；

（二）动物疫病、农作物病虫害的发生和防治情况；

（三）收获、屠宰或者捕捞的日期。

农产品生产记录应当至少保存二年。禁止伪造、变造农产品生产记录。国家鼓励其他农产品生产者建立农产品生产记录。

第二十八条 对可能影响农产品质量安全的农药、兽药、饲料和饲料添加剂、肥料、兽医器械，依照有关法律、行政法规的规定实行许可制度。

省级以上人民政府农业农村主管部门应当定期或者不定期组织对可能危及农产品质量安全的农药、兽药、饲料和饲料添加剂、肥料等农业投入品进行监督抽查，并公布抽查结果。

农药、兽药经营者应当依照有关法律、行政法规的规定建立销售台账，记录购买者、销售日期和药品施用范围等内容。

第二十九条 农产品生产经营者应当依照有关法律、行政法规和国家有关强制性标准、国务院农业农村主管部门的规定，科学合理使用农药、兽药、饲料和饲料添加剂、肥料等农业投入品，严格执行农业投入品使用安全间隔期或者休药期的规定；不得超范围、超剂量使用农业投入品危及农产品质量安全。

禁止在农产品生产经营过程中使用国家禁止使用的农业投入品以及其他有毒有害物质。

第三十条 农产品生产场所以及生产活动中使用的设施、设备、消毒剂、洗涤剂等应当符合国家有关质量安全规定，防止污染农产品。

第三十一条 县级以上人民政府农业农村主管部门应当加强对农业投入品使用的监督管理和指导，建立健全农业投入品的安全使用制度，推广农业投入品科学使用技术，普及安全、环保农业投入品的使用。

第三十二条 国家鼓励和支持农产品生产经营者选用优质特色农产品品种，采用绿色生产技术和全程质量控制技术，生产绿色优质农产品，实施分等分级，提高农产品品质，打造农产品品牌。

第三十三条 国家支持农产品产地冷链物流基础设施建设，健全有关农产品冷链物流标准、服务规范和监管保障机制，保障冷链物流农产品畅通高效、安全便捷，扩大高品质市场供给。

从事农产品冷链物流的生产经营者应当依照法律、法规和有关农产品质量安全标准，加强冷链技术创新与应用、质量安全控制，执行对冷链物流农产品及其包装、运输工具、作业环境等的检验检测检疫要求，保证冷链农产品质量安全。

第五章 农产品销售

第三十四条 销售的农产品应当符合农产品质量安全标准。

农产品生产企业、农民专业合作社应当根据质量安全控制要求自行或者委托检测机构对农产品质量安全进行检测；经检测不符合农产品质量安全标准的农产品，应当及时采取管控措施，且不得销售。

农业技术推广等机构应当为农户等农产品生产经营者提供农产品检测技术服务。

第三十五条 农产品在包装、保鲜、贮存、运输中所使用的保鲜剂、防腐剂、添加剂、包装材料等，应当符合国家有关强制性标准以及其他农产品质量安全规定。

贮存、运输农产品的容器、工具和设备应当安全、无害。禁止将农产品与有毒有害物质一同贮存、运输，防止污染农产品。

第三十六条 有下列情形之一的农产品，不得销售：

（一）含有国家禁止使用的农药、兽药或者其他化合物；

（二）农药、兽药等化学物质残留或者含有的重金属等有毒有害物质不符合农产品质量安全标准；

（三）含有的致病性寄生虫、微生物或者生物毒素不符合农产品质量安全标准；

（四）未按照国家有关强制性标准以及其他农产品质量安全规定使用保鲜剂、防腐剂、添加剂、包装材料等，或者使用的保鲜剂、防腐剂、添加剂、包装材料等不符合国家有关强制性标准以及其他质量安全规定；

（五）病死、毒死或者死因不明的动物及其产品；

（六）其他不符合农产品质量安全标准的情形。

对前款规定不得销售的农产品，应当依照法律、法规的规定进行处置。

第三十七条 农产品批发市场应当按照规定设立或者委托检测机构，对进场销售的农产品质量安全状况进行抽查检测；发现不符合农产品质量安全标准的，应当要求销售者立即停止销售，并向所在地市场监督管理、农业农村等部门报告。

农产品销售企业对其销售的农产品，应当建立健全进货检查验收制度；经查验不符合农产品质量安全标准的，不得销售。

食品生产者采购农产品等食品原料，应当依照《中华人民共和国食品安全法》的规定查验许可证和合格证明，对无法提供合格证明的，应当按照规定进行检验。

第三十八条 农产品生产企业、农民专业合作社以及从事农产品收购的单位或者个人销售的农产品，按照规定应当包装或者附加承诺达标合格证等标识的，须经包装或者附加标识后方可销售。包装物或者标识上应当按照规定标明产品的品名、产地、生产者、生产日期、保质期、产品质量等级等内容；使用添加剂的，还应当按照规定标明添加剂的名称。具体办法由国务院农业农村主管部门制定。

第三十九条 农产品生产企业、农民专业合作社应当执行法律、法规的规定和国家有关强制性标准，保证其销售的农产品符合农产品质量安全标准，并根据质量安全控制、检测结果等开具承诺达标合格证，承诺不使用禁用的农药、兽药及其他化合物且使用的常规农药、兽药残留不超标等。鼓励和支持农户销售农产品时开具承诺达标合格证。法律、行政法规对畜禽产品的质量安全合格证明有特别规定的，应当遵守其规定。

从事农产品收购的单位或者个人应当按照规定收取、保存承诺达标合格证或者其他质量安全合格证明，对其收购的农产品进行混装或者分装后销售的，应当按照规定开具承诺达标合格证。

农产品批发市场应当建立健全农产品承诺达标合格证查验等制度。

县级以上人民政府农业农村主管部门应当做好承诺达标合格证有关工作的指导服务，加强日常监督检查。

农产品质量安全承诺达标合格证管理办法由国务院农业农村主管部门会同国务院有关部门制定。

第四十条 农产品生产经营者通过网络平台销售农产品的，应当依照本法和《中华人民共和国电子商务法》《中华人民共和国食品安全法》等法律、法规的规定，严格落实质量安全责任，保证其销售的农产品符合质量安全标准。网络平台经营者应当依法加强对农产品生产经营者的管理。

第四十一条 国家对列入农产品质量安全追溯目录的农产品实施追溯管理。国务院农业农村主管部门应当会同国务院市场监督管理等部门建立农产品质量安全追溯协作机制。农产品质量安全追溯管理办法和追溯目录由国务院农业农村主管部门会同国务院市场监督管理等部门制定。

国家鼓励具备信息化条件的农产品生产经营者采用现代信息技术手段采集、留存生产记录、购销记录等生产经营信息。

第四十二条 农产品质量符合国家规定的有关优质农产品标准的，农产品生产经营者可以申请使用农产品质量标志。禁止冒用农产品质量标志。

国家加强地理标志农产品保护和管理。

第四十三条 属于农业转基因生物的农产品，应当按照农业转基因生物安全管理的有关规定进行标识。

第四十四条 依法需要实施检疫的动植物及其产品，应当附具检疫标志、检疫证明。

第六章 监督管理

第四十五条 县级以上人民政府农业农村主管部门和市场监督管理等部门应当建立健全农产品质量安全全程监督管理协作机制，确保农产品从生产到消费各环节的质量安全。

县级以上人民政府农业农村主管部门和市场监督管理部门应当加强收购、贮存、运输过程中农产品质量安全监督管理的协调配合和执法衔接，及时通报和共享农产品质量安全监督管理信息，并按照职责权限，发布有关农产品质量安全日常监督管理信息。

第四十六条 县级以上人民政府农业农村主管部门应当根据农产品质量安全风险监测、风险评估结果和农产品质量安全状况等，制定监督抽查计划，确定农产品质量安全监督抽查的重点、方式和频次，并实施农产品质量安全风险分级管理。

第四十七条 县级以上人民政府农业农村主管部门应当建立健全随机抽查机制，按照监督抽查计划，组织开展农产品质量安全监督抽查。

农产品质量安全监督抽查检测应当委托符合本法规定条件的农产品质量安全检测机构进行。监督抽查不得向被抽查人收取费用,抽取的样品应当按照市场价格支付费用,并不得超过国务院农业农村主管部门规定的数量。

上级农业农村主管部门监督抽查的同批次农产品,下级农业农村主管部门不得另行重复抽查。

第四十八条　农产品质量安全检测应当充分利用现有的符合条件的检测机构。

从事农产品质量安全检测的机构,应当具备相应的检测条件和能力,由省级以上人民政府农业农村主管部门或者其授权的部门考核合格。具体办法由国务院农业农村主管部门制定。

农产品质量安全检测机构应当依法经资质认定。

第四十九条　从事农产品质量安全检测工作的人员,应当具备相应的专业知识和实际操作技能,遵纪守法,恪守职业道德。

农产品质量安全检测机构对出具的检测报告负责。检测报告应当客观公正,检测数据应当真实可靠,禁止出具虚假检测报告。

第五十条　县级以上地方人民政府农业农村主管部门可以采用国务院农业农村主管部门会同国务院市场监督管理等部门认定的快速检测方法,开展农产品质量安全监督抽查检测。抽查检测结果确定有关农产品不符合农产品质量安全标准的,可以作为行政处罚的证据。

第五十一条　农产品生产经营者对监督抽查检测结果有异议的,可以自收到检测结果之日起五个工作日内,向实施农产品质量安全监督抽查的农业农村主管部门或者其上一级农业农村主管部门申请复检。复检机构与初检机构不得为同一机构。

采用快速检测方法进行农产品质量安全监督抽查检测,被抽查人对检测结果有异议的,可以自收到检测结果时起四小时内申请复检。复检不得采用快速检测方法。

复检机构应当自收到复检样品之日起七个工作日内出具检测报告。

因检测结果错误给当事人造成损害的,依法承担赔偿责任。

第五十二条　县级以上地方人民政府农业农村主管部门应当加强对农产品生产的监督管理,开展日常检查,重点检查农产品产地环境、农业投入品购买和使用、农产品生产记录、承诺达标合格证开具等情况。

国家鼓励和支持基层群众性自治组织建立农产品质量安全信息员工作制度,协助开展有关工作。

第五十三条　开展农产品质量安全监督检查,有权采取下列措施:

(一)进入生产经营场所进行现场检查,调查了解农产品质量安全的有关情况;

(二)查阅、复制农产品生产记录、购销台账等与农产品质量安全有关的资料;

(三)抽样检测生产经营的农产品和使用的农业投入品以及其他有关产品;

(四)查封、扣押有证据证明存在农产品质量安全隐患或者经检测不符合农产品质量安全标准的农产品;

(五)查封、扣押有证据证明可能危及农产品质量安全或者经检测不符合产品质量标准的农业投入品以及其他有毒有害物质;

(六)查封、扣押用于违法生产经营农产品的设施、设备、场所以及运输工具;

(七)收缴伪造的农产品质量标志。

农产品生产经营者应当协助、配合农产品质量安全监督检查,不得拒绝、阻挠。

第五十四条　县级以上人民政府农业农村等部门应当加强农产品质量安全信用体系建设,建立农产品生产经营者信用记录,记载行政处罚等信息,推进农产品质量安全信用信息的应用和管理。

第五十五条　农产品生产经营过程中存在质量安全隐患,未及时采取措施消除的,县级以上地方人民政府农业农村主管部门可以对农产品生产经营者的法定代表人或者主要负责人进行责任约谈。农产品生产经营者应当立即采取措施,进行整改,消除隐患。

第五十六条　国家鼓励消费者协会和其他单位或者个人对农产品质量安全进行社会监督,对农产品质量安全监督管理工作提出意见和建议。任何单位和个人有权对违反本法的行为进行检举控告、投诉举报。

县级以上人民政府农业农村主管部门应当建立农产品质量安全投诉举报制度,公开投诉举报渠道,收到投诉举报后,应当及时处理。对不属于本部门职责的,应当移交有权处理的部门并书面通知投诉举报人。

第五十七条　县级以上地方人民政府农业农村主管部门应当加强对农产品质量安全执法人员的专业技术培训并组织考核。不具备相应知识和能力的，不得从事农产品质量安全执法工作。

第五十八条　上级人民政府应当督促下级人民政府履行农产品质量安全职责。对农产品质量安全责任落实不力、问题突出的地方人民政府，上级人民政府可以对其主要负责人进行责任约谈。被约谈的地方人民政府应当立即采取整改措施。

第五十九条　国务院农业农村主管部门应当会同国务院有关部门制定国家农产品质量安全突发事件应急预案，并与国家食品安全事故应急预案相衔接。

县级以上地方人民政府应当根据有关法律、行政法规的规定和上级人民政府的农产品质量安全突发事件应急预案，制定本行政区域的农产品质量安全突发事件应急预案。

发生农产品质量安全事故时，有关单位和个人应当采取控制措施，及时向所在地乡镇人民政府和县级人民政府农业农村等部门报告；收到报告的机关应当按照农产品质量安全突发事件应急预案及时处理并报本级人民政府、上级人民政府有关部门。发生重大农产品质量安全事故时，按照规定上报国务院及其有关部门。任何单位和个人不得隐瞒、谎报、缓报农产品质量安全事故，不得隐匿、伪造、毁灭有关证据。

第六十条　县级以上地方人民政府市场监督管理部门依照本法和《中华人民共和国食品安全法》等法律、法规的规定，对农产品进入批发、零售市场或者生产加工企业后的生产经营活动进行监督检查。

第六十一条　县级以上人民政府农业农村、市场监督管理等部门发现农产品质量安全违法行为涉嫌犯罪的，应当及时将案件移送公安机关。对移送的案件，公安机关应当及时审查；认为有犯罪事实需要追究刑事责任的，应当立案侦查。公安机关对依法不需要追究刑事责任但应当给予行政处罚的，应当及时将案件移送农业农村、市场监督管理等部门，有关部门应当依法处理。公安机关商请农业农村、市场监督管理、生态环境等部门提供检验结论、认定意见以及对涉案农产品进行无害化处理等协助的，有关部门应当及时提供、予以协助。

第七章　法律责任

第六十二条　违反本法规定，地方各级人民政府有下列情形之一的，对直接负责的主管人员和其他直接责任人员给予警告、记过、记大过处分；造成严重后果的，给予降级或者撤职处分：

（一）未确定有关部门的农产品质量安全监督管理工作职责，未建立健全农产品质量安全工作机制，或者未落实农产品质量安全监督管理责任；

（二）未制定本行政区域的农产品质量安全突发事件应急预案，或者发生农产品质量安全事故后未按照规定启动应急预案。

第六十三条　违反本法规定，县级以上人民政府农业农村等部门有下列行为之一的，对直接负责的主管人员和其他直接责任人员给予记大过处分；情节较重的，给予降级或者撤职处分；情节严重的，给予开除处分；造成严重后果的，其主要负责人还应当引咎辞职：

（一）隐瞒、谎报、缓报农产品质量安全事故或者隐匿、伪造、毁灭有关证据；

（二）未按照规定查处农产品质量安全事故，或者接到农产品质量安全事故报告未及时处理，造成事故扩大或者蔓延；

（三）发现农产品质量安全重大风险隐患后，未及时采取相应措施，造成农产品质量安全事故或者不良社会影响；

（四）不履行农产品质量安全监督管理职责，导致发生农产品质量安全事故。

第六十四条　县级以上地方人民政府农业农村、市场监督管理等部门在履行农产品质量安全监督管理职责过程中，违法实施检查、强制等执法措施，给农产品生产经营者造成损失的，应当依法予以赔偿，对直接负责的主管人员和其他直接责任人员依法给予处分。

第六十五条　农产品质量安全检测机构、检测人员出具虚假检测报告的，由县级以上人民政府农业农村主管部门没收所收取的检测费用，检测费用不足一万元的，并处五万元以上十万元以下罚款，检测费用一万元以上的，并处检测费用五倍以上十倍以下罚款；对直接负责的主管人员和其他直接责任人员处一万元以上五万元以下罚款；使消费者的合法权益受到损害的，农产品质量安全检测机构应当与农产品生产经营者承担连带责任。

因农产品质量安全违法行为受到刑事处罚或者因出具虚假检测报告导致发生重大农产品质量安全事故的检测人员，终身不得从事农产品质量安全检测工作。农产品质量安全检测机构不得聘用上述人员。农产品质量安全检测机构有前两款违法行为的，由授予其资质的主管部门或者机构吊销该农产品质量安全检测机构的资质证书。

第六十六条　违反本法规定，在特定农产品禁止生产区域种植、养殖、捕捞、采集特定农产品或者建立特定农产品生产基地的，由县级以上地方人民政府农业农村主管部门责令停止违法行为，没收农产品和违法所得，并处违法所得一倍以上三倍以下罚款。违反法律、法规规定，向农产品产地排放或者倾倒废水、废气、固体废物或者其他有毒有害物质的，依照有关环境保护法律、法规的规定处理、处罚；造成损害的，依法承担赔偿责任。

第六十七条　农药、肥料、农用薄膜等农业投入品的生产者、经营者、使用者未按照规定回收并妥善处置包装物或者废弃物的，由县级以上地方人民政府农业农村主管部门依照有关法律、法规的规定处理、处罚。

第六十八条　违反本法规定，农产品生产企业有下列情形之一的，由县级以上地方人民政府农业农村主管部门责令限期改正；逾期不改正的，处五千元以上五万元以下罚款：

（一）未建立农产品质量安全管理制度；

（二）未配备相应的农产品质量安全管理技术人员，且未委托具有专业技术知识的人员进行农产品质量安全指导。

第六十九条　农产品生产企业、农民专业合作社、农业社会化服务组织未依照本法规定建立、保存农产品生产记录，或者伪造、变造农产品生产记录的，由县级以上地方人民政府农业农村主管部门责令限期改正；逾期不改正的，处二千元以上二万元以下罚款。

第七十条　违反本法规定，农产品生产经营者有下列行为之一，尚不构成犯罪的，由县级以上地方人民政府农业农村主管部门责令停止生产经营、追回已经销售的农产品，对违法生产经营的农产品进行无害化处理或者予以监督销毁，没收违法所得，并可以没收用于违法生产经营的工具、设备、原料等物品；违法生产经营的农产品货值金额不足一万元的，并处十万元以上十五万元以下罚款，货值金额一万元以上的，并处货值金额十五倍以上三十倍以下罚款；对农户，并处一千元以上一万元以下罚款；情节严重的，有许可证的吊销许可证，并可以由公安机关对其直接负责的主管人员和其他直接责任人员处五日以上十五日以下拘留：

（一）在农产品生产经营过程中使用国家禁止使用的农业投入品或者其他有毒有害物质；

（二）销售含有国家禁止使用的农药、兽药或者其他化合物的农产品；

（三）销售病死、毒死或者死因不明的动物及其产品。

明知农产品生产经营者从事前款规定的违法行为，仍为其提供生产经营场所或者其他条件的，由县级以上地方人民政府农业农村主管部门责令停止违法行为，没收违法所得，并处十万元以上二十万元以下罚款；使消费者的合法权益受到损害的，应当与农产品生产经营者承担连带责任。

第七十一条　违反本法规定，农产品生产经营者有下列行为之一，尚不构成犯罪的，由县级以上地方人民政府农业农村主管部门责令停止生产经营、追回已经销售的农产品，对违法生产经营的农产品进行无害化处理或者予以监督销毁，没收违法所得，并可以没收用于违法生产经营的工具、设备、原料等物品；违法生产经营的农产品货值金额不足一万元的，并处五万元以上十万元以下罚款，货值金额一万元以上的，并处货值金额十倍以上二十倍以下罚款；对农户，并处五百元以上五千元以下罚款：

（一）销售农药、兽药等化学物质残留或者含有的重金属等有毒有害物质不符合农产品质量安全标准的农产品；

（二）销售含有的致病性寄生虫、微生物或者生物毒素不符合农产品质量安全标准的农产品；

（三）销售其他不符合农产品质量安全标准的农产品。

第七十二条 违反本法规定，农产品生产经营者有下列行为之一的，由县级以上地方人民政府农业农村主管部门责令停止生产经营、追回已经销售的农产品，对违法生产经营的农产品进行无害化处理或者予以监督销毁，没收违法所得，并可以没收用于违法生产经营的工具、设备、原料等物品；违法生产经营的农产品货值金额不足一万元的，并处五千元以上五万元以下罚款，货值金额一万元以上的，并处货值金额五倍以上十倍以下罚款；对农户，并处三百元以上三千元以下罚款：

（一）在农产品生产场所以及生产活动中使用的设施、设备、消毒剂、洗涤剂等不符合国家有关质量安全规定；

（二）未按照国家有关强制性标准或者其他农产品质量安全规定使用保鲜剂、防腐剂、添加剂、包装材料等，或者使用的保鲜剂、防腐剂、添加剂、包装材料等不符合国家有关强制性标准或者其他质量安全规定；

（三）将农产品与有毒有害物质一同贮存、运输。

第七十三条 违反本法规定，有下列行为之一的，由县级以上地方人民政府农业农村主管部门按照职责给予批评教育，责令限期改正；逾期不改正的，处一百元以上一千元以下罚款：

（一）农产品生产企业、农民专业合作社、从事农产品收购的单位或者个人未按照规定开具承诺达标合格证；

（二）从事农产品收购的单位或者个人未按照规定收取、保存承诺达标合格证或者其他合格证明。

第七十四条 农产品生产经营者冒用农产品质量标志，或者销售冒用农产品质量标志的农产品的，由县级以上地方人民政府农业农村主管部门按照职责责令改正，没收违法所得；违法生产经营的农产品货值金额不足五千元的，并处五千元以上五万元以下罚款，货值金额五千元以上的，并处货值金额十倍以上二十倍以下罚款。

第七十五条 违反本法关于农产品质量安全追溯规定的，由县级以上地方人民政府农业农村主管部门按照职责责令限期改正；逾期不改正的，可以处一万元以下罚款。

第七十六条 违反本法规定，拒绝、阻挠依法开展的农产品质量安全监督检查、事故调查处理、抽样检测和风险评估的，由有关主管部门按照职责责令停产停业，并处二千元以上五万元以下罚款；构成违反治安管理行为的，由公安机关依法给予治安管理处罚。

第七十七条 《中华人民共和国食品安全法》对食用农产品进入批发、零售市场或者生产加工企业后的违法行为和法律责任有规定的，由县级以上地方人民政府市场监督管理部门依照其规定进行处罚。

第七十八条 违反本法规定，构成犯罪的，依法追究刑事责任。

第七十九条 违反本法规定，给消费者造成人身、财产或者其他损害的，依法承担民事赔偿责任。生产经营者财产不足以同时承担民事赔偿责任和缴纳罚款、罚金时，先承担民事赔偿责任。

食用农产品生产经营者违反本法规定，污染环境、侵害众多消费者合法权益，损害社会公共利益的，人民检察院可以依照《中华人民共和国民事诉讼法》《中华人民共和国行政诉讼法》等法律的规定向人民法院提起诉讼。

第八章　附　　则

第八十条 粮食收购、贮存、运输环节的质量安全管理，依照有关粮食管理的法律、行政法规执行。

第八十一条 本法自 2023 年 1 月 1 日起施行。

附录 2 《农药管理条例》

（1997 年 5 月 8 日中华人民共和国国务院令第 216 号发布根据 2001 年 11 月 29 日《国务院关于修改〈农药管理条例〉的决定》修订 2017 年 2 月 8 日国务院第 164 次常务会议修订通过）

第一章　总　　则

第一条　为了加强农药管理，保证农药质量，保障农产品质量安全和人畜安全，保护农业、林业生产和生态环境，制定本条例。

第二条　本条例所称农药，是指用于预防、控制危害农业、林业的病、虫、草、鼠和其他有害生物以及有目的地调节植物、昆虫生长的化学合成或者来源于生物、其他天然物质的一种物质或者几种物质的混合物及其制剂。前款规定的农药包括用于不同目的、场所的下列各类：

（一）预防、控制危害农业、林业的病、虫（包括昆虫、蜱、螨）、草、鼠、软体动物和其他有害生物；

（二）预防、控制仓储以及加工场所的病、虫、鼠和其他有害生物；

（三）调节植物、昆虫生长；

（四）农业、林业产品防腐或者保鲜；

（五）预防、控制蚊、蝇、蜚蠊、鼠和其他有害生物；

（六）预防、控制危害河流堤坝、铁路、码头、机场、建筑物和其他场所的有害生物。

第三条　国务院农业主管部门负责全国的农药监督管理工作。县级以上地方人民政府农业主管部门负责本行政区域的农药监督管理工作。县级以上人民政府其他有关部门在各自职责范围内负责有关的农药监督管理工作。

第四条　县级以上地方人民政府应当加强对农药监督管理工作的组织领导，将农药监督管理经费列入本级政府预算，保障农药监督管理工作的开展。

第五条　农药生产企业、农药经营者应当对其生产、经营的农药的安全性、有效性负责，自觉接受政府监管和社会监督。农药生产企业、农药经营者应当加强行业自律，规范生产、经营行为。

第六条　国家鼓励和支持研制、生产、使用安全、高效、经济的农药，推进农药专业化使用，促进农药产业升级。对在农药研制、推广和监督管理等工作中作出突出贡献的单位和个人，按照国家有关规定予以表彰或者奖励。

第二章　农药登记

第七条　国家实行农药登记制度。农药生产企业、向中国出口农药的企业应当依照本条例的规定申请农药登记，新农药研制者可以依照本条例的规定申请农药登记。

国务院农业主管部门所属的负责农药检定工作的机构负责农药登记具体工作。省、自治区、直辖市人民政府农业主管部门所属的负责农药检定工作的机构协助做好本行政区域的农药登记具体工作。

第八条　国务院农业主管部门组织成立农药登记评审委员会，负责农药登记评审。

农药登记评审委员会由下列人员组成：

（一）国务院农业、林业、卫生、环境保护、粮食、工业行业管理、安全生产监督管理等有关部门和供销合作总社等单位推荐的农药产品化学、药效、毒理、残留、环境、质量标准和检测等方面的专家；

（二）国家食品安全风险评估专家委员会的有关专家；

（三）国务院农业、林业、卫生、环境保护、粮食、工业行业管理、安全生产监督管理等有关部门和供销合作总社等单位的代表。

农药登记评审规则由国务院农业主管部门制定。

第九条　申请农药登记的，应当进行登记试验。

农药的登记试验应当报所在地省、自治区、直辖市人民政府农业主管部门备案。新农药的登记试验应当向国务院农业主管部门提出申请。国务院农业主管部门应当自受理申请之日起40个工作日内对试验的安全风险及其防范措施进行审查，符合条件的，准予登记试验；不符合条件的，书面通知申请人并说明理由。

第十条　登记试验应当由国务院农业主管部门认定的登记试验单位按照国务院农业主管部门的规定进

行。与已取得中国农药登记的农药组成成分、使用范围和使用方法相同的农药，免予残留、环境试验，但已取得中国农药登记的农药依照本条例第十五条的规定在登记资料保护期内的，应当经农药登记证持有人授权同意。登记试验单位应当对登记试验报告的真实性负责。

第十一条 登记试验结束后，申请人应当向所在地省、自治区、直辖市人民政府农业主管部门提出农药登记申请，并提交登记试验报告、标签样张和农药产品质量标准及其检验方法等申请资料；申请新农药登记的，还应当提供农药标准品。省、自治区、直辖市人民政府农业主管部门应当自受理申请之日起 20 个工作日内提出初审意见，并报送国务院农业主管部门。向中国出口农药的企业申请农药登记的，应当持本条第一款规定的资料、农药标准品以及在有关国家（地区）登记、使用的证明材料，向国务院农业主管部门提出申请。

第十二条 国务院农业主管部门受理申请或者收到省、自治区、直辖市人民政府农业主管部门报送的申请资料后，应当组织审查和登记评审，并自收到评审意见之日起 20 个工作日内作出审批决定，符合条件的，核发农药登记证；不符合条件的，书面通知申请人并说明理由。

第十三条 农药登记证应当载明农药名称、剂型、有效成分及其含量、毒性、使用范围、使用方法和剂量、登记证持有人、登记证号以及有效期等事项。

农药登记证有效期为 5 年。有效期届满，需要继续生产农药或者向中国出口农药的，农药登记证持有人应当在有效期届满 90 日前向国务院农业主管部门申请延续。

农药登记证载明事项发生变化的，农药登记证持有人应当按照国务院农业主管部门的规定申请变更农药登记证。

国务院农业主管部门应当及时公告农药登记证核发、延续、变更情况以及有关的农药产品质量标准号、残留限量规定、检验方法、经核准的标签等信息。

第十四条 新农药研制者可以转让其已取得登记的新农药的登记资料；农药生产企业可以向具有相应生产能力的农药生产企业转让其已取得登记的农药的登记资料。

第十五条 国家对取得首次登记的、含有新化合物的农药的申请人提交的其自己所取得且未披露的试验数据和其他数据实施保护。自登记之日起 6 年内，对其他申请人未经已取得登记的申请人同意，使用前款规定的数据申请农药登记的，登记机关不予登记；但是，其他申请人提交其自己所取得的数据的除外。除下列情况外，登记机关不得披露本条第一款规定的数据：

（一）公共利益需要；

（二）已采取措施确保该类信息不会被不正当地进行商业使用。

第三章 农药生产

第十六条 农药生产应当符合国家产业政策。国家鼓励和支持农药生产企业采用先进技术和先进管理规范，提高农药的安全性、有效性。

第十七条 国家实行农药生产许可制度。农药生产企业应当具备下列条件，并按照国务院农业主管部门的规定向省、自治区、直辖市人民政府农业主管部门申请农药生产许可证：

（一）有与所申请生产农药相适应的技术人员；

（二）有与所申请生产农药相适应的厂房、设施；

（三）有对所申请生产农药进行质量管理和质量检验的人员、仪器和设备；

（四）有保证所申请生产农药质量的规章制度。省、自治区、直辖市人民政府农业主管部门应当自受理申请之日起 20 个工作日内作出审批决定，必要时应当进行实地核查。符合条件的，核发农药生产许可证；不符合条件的，书面通知申请人并说明理由。

安全生产、环境保护等法律、行政法规对企业生产条件有其他规定的，农药生产企业还应当遵守其规定。

第十八条 农药生产许可证应当载明农药生产企业名称、住所、法定代表人（负责人）、生产范围、生产地址以及有效期等事项。农药生产许可证有效期为 5 年。有效期届满，需要继续生产农药的，农药生产企业应当在有效期届满 90 日前向省、自治区、直辖市人民政府农业主管部门申请延续。农药生产许可证载明事项发生变化的，农药生产企业应当按照国务院农业主管部门的规定申请变更农药生产许可证。

第十九条　委托加工、分装农药的，委托人应当取得相应的农药登记证，受托人应当取得农药生产许可证。委托人应当对委托加工、分装的农药质量负责。

第二十条　农药生产企业采购原材料，应当查验产品质量检验合格证和有关许可证明文件，不得采购、使用未依法附具产品质量检验合格证、未依法取得有关许可证明文件的原材料。农药生产企业应当建立原材料进货记录制度，如实记录原材料的名称、有关许可证明文件编号、规格、数量、供货人名称及其联系方式、进货日期等内容。原材料进货记录应当保存 2 年以上。

第二十一条　农药生产企业应当严格按照产品质量标准进行生产，确保农药产品与登记农药一致。农药出厂销售，应当经质量检验合格并附具产品质量检验合格证。农药生产企业应当建立农药出厂销售记录制度，如实记录农药的名称、规格、数量、生产日期和批号、产品质量检验信息、购货人名称及其联系方式、销售日期等内容。农药出厂销售记录应当保存 2 年以上。

第二十二条　农药包装应当符合国家有关规定，并印制或者贴有标签。国家鼓励农药生产企业使用可回收的农药包装材料。农药标签应当按照国务院农业主管部门的规定，以中文标注农药的名称、剂型、有效成分及其含量、毒性及其标识、使用范围、使用方法和剂量、使用技术要求和注意事项、生产日期、可追溯电子信息码等内容。剧毒、高毒农药以及使用技术要求严格的其他农药等限制使用农药的标签还应当标注“限制使用”字样，并注明使用的特别限制和特殊要求。用于食用农产品的农药的标签还应当标注安全间隔期。

第二十三条　农药生产企业不得擅自改变经核准的农药的标签内容，不得在农药的标签中标注虚假、误导使用者的内容。农药包装过小，标签不能标注全部内容的，应当同时附具说明书，说明书的内容应当与经核准的标签内容一致。

第四章　农药经营

第二十四条　国家实行农药经营许可制度，但经营卫生用农药的除外。农药经营者应当具备下列条件，并按照国务院农业主管部门的规定向县级以上地方人民政府农业主管部门申请农药经营许可证：

（一）有具备农药和病虫害防治专业知识，熟悉农药管理规定，能够指导安全合理使用农药的经营人员；

（二）有与其他商品以及饮用水水源、生活区域等有效隔离的营业场所和仓储场所，并配备与所申请经营农药相适应的防护设施；

（三）有与所申请经营农药相适应的质量管理、台账记录、安全防护、应急处置、仓储管理等制度。

经营限制使用农药的，还应当配备相应的用药指导和病虫害防治专业技术人员，并按照所在地省、自治区、直辖市人民政府农业主管部门的规定实行定点经营。

县级以上地方人民政府农业主管部门应当自受理申请之日起 20 个工作日内作出审批决定。符合条件的，核发农药经营许可证；不符合条件的，书面通知申请人并说明理由。

第二十五条　农药经营许可证应当载明农药经营者名称、住所、负责人、经营范围以及有效期等事项。

农药经营许可证有效期为 5 年。有效期届满，需要继续经营农药的，农药经营者应当在有效期届满 90 日前向发证机关申请延续。

农药经营许可证载明事项发生变化的，农药经营者应当按照国务院农业主管部门的规定申请变更农药经营许可证。

取得农药经营许可证的农药经营者设立分支机构的，应当依法申请变更农药经营许可证，并向分支机构所在地县级以上地方人民政府农业主管部门备案，其分支机构免予办理农药经营许可证。农药经营者应当对其分支机构的经营活动负责。

第二十六条　农药经营者采购农药应当查验产品包装、标签、产品质量检验合格证以及有关许可证明文件，不得向未取得农药生产许可证的农药生产企业或者未取得农药经营许可证的其他农药经营者采购农药。

农药经营者应当建立采购台账，如实记录农药的名称、有关许可证明文件编号、规格、数量、生产企业和供货人名称及其联系方式、进货日期等内容。采购台账应当保存 2 年以上。

第二十七条 农药经营者应当建立销售台账，如实记录销售农药的名称、规格、数量、生产企业、购买人、销售日期等内容。销售台账应当保存2年以上。

农药经营者应当向购买人询问病虫害发生情况并科学推荐农药，必要时应当实地查看病虫害发生情况，并正确说明农药的使用范围、使用方法和剂量、使用技术要求和注意事项，不得误导购买人。

经营卫生用农药的，不适用本条第一款、第二款的规定。

第二十八条 农药经营者不得加工、分装农药，不得在农药中添加任何物质，不得采购、销售包装和标签不符合规定，未附具产品质量检验合格证，未取得有关许可证明文件的农药。

经营卫生用农药的，应当将卫生用农药与其他商品分柜销售；经营其他农药的，不得在农药经营场所内经营食品、食用农产品、饲料等。

第二十九条 境外企业不得直接在中国销售农药。境外企业在中国销售农药的，应当依法在中国设立销售机构或者委托符合条件的中国代理机构销售。

向中国出口的农药应当附具中文标签、说明书，符合产品质量标准，并经出入境检验检疫部门依法检验合格。禁止进口未取得农药登记证的农药。

办理农药进出口海关申报手续，应当按照海关总署的规定出示相关证明文件。

第五章 农药使用

第三十条 县级以上人民政府农业主管部门应当加强农药使用指导、服务工作，建立健全农药安全、合理使用制度，并按照预防为主、综合防治的要求，组织推广农药科学使用技术，规范农药使用行为。林业、粮食、卫生等部门应当加强对林业、储粮、卫生用农药安全、合理使用的技术指导，环境保护主管部门应当加强对农药使用过程中环境保护和污染防治的技术指导。

第三十一条 县级人民政府农业主管部门应当组织植物保护、农业技术推广等机构向农药使用者提供免费技术培训，提高农药安全、合理使用水平。

国家鼓励农业科研单位、有关学校、农民专业合作社、供销合作社、农业社会化服务组织和专业人员为农药使用者提供技术服务。

第三十二条 国家通过推广生物防治、物理防治、先进施药器械等措施，逐步减少农药使用量。

县级人民政府应当制定并组织实施本行政区域的农药减量计划；对实施农药减量计划、自愿减少农药使用量的农药使用者，给予鼓励和扶持。

县级人民政府农业主管部门应当鼓励和扶持设立专业化病虫害防治服务组织，并对专业化病虫害防治和限制使用农药的配药、用药进行指导、规范和管理，提高病虫害防治水平。

县级人民政府农业主管部门应当指导农药使用者有计划地轮换使用农药，减缓危害农业、林业的病、虫、草、鼠和其他有害生物的抗药性。

乡、镇人民政府应当协助开展农药使用指导、服务工作。

第三十三条 农药使用者应当遵守国家有关农药安全、合理使用制度，妥善保管农药，并在配药、用药过程中采取必要的防护措施，避免发生农药使用事故。

限制使用农药的经营者应当为农药使用者提供用药指导，并逐步提供统一用药服务。

第三十四条 农药使用者应当严格按照农药的标签标注的使用范围、使用方法和剂量、使用技术要求和注意事项使用农药，不得扩大使用范围、加大用药剂量或者改变使用方法。农药使用者不得使用禁用的农药。标签标注安全间隔期的农药，在农产品收获前应当按照安全间隔期的要求停止使用。剧毒、高毒农药不得用于防治卫生害虫，不得用于蔬菜、瓜果、茶叶、菌类、中草药材的生产，不得用于水生植物的病虫害防治。

第三十五条 农药使用者应当保护环境，保护有益生物和珍稀物种，不得在饮用水水源保护区、河道内丢弃农药、农药包装物或者清洗施药器械。严禁在饮用水水源保护区内使用农药，严禁使用农药毒鱼、虾、鸟、兽等。

第三十六条 农产品生产企业、食品和食用农产品仓储企业、专业化病虫害防治服务组织和从事农产品生产的农民专业合作社等应当建立农药使用记录，如实记录使用农药的时间、地点、对象以及农药名称、用量、生产企业等。农药使用记录应当保存2年以上。国家鼓励其他农药使用者建立农药使用记录。

第三十七条　国家鼓励农药使用者妥善收集农药包装物等废弃物；农药生产企业、农药经营者应当回收农药废弃物，防止农药污染环境和农药中毒事故的发生。具体办法由国务院环境保护主管部门会同国务院农业主管部门、国务院财政部门等部门制定。

第三十八条　发生农药使用事故，农药使用者、农药生产企业、农药经营者和其他有关人员应当及时报告当地农业主管部门。

接到报告的农业主管部门应当立即采取措施，防止事故扩大，同时通知有关部门采取相应措施。造成农药中毒事故的，由农业主管部门和公安机关依照职责权限组织调查处理，卫生主管部门应当按照国家有关规定立即对受到伤害的人员组织医疗救治；造成环境污染事故的，由环境保护等有关部门依法组织调查处理；造成储粮药剂使用事故和农作物药害事故的，分别由粮食、农业等部门组织技术鉴定和调查处理。

第三十九条　因防治突发重大病虫害等紧急需要，国务院农业主管部门可以决定临时生产、使用规定数量的未取得登记或者禁用、限制使用的农药，必要时应当会同国务院对外贸易主管部门决定临时限制出口或者临时进口规定数量、品种的农药。

前款规定的农药，应当在使用地县级人民政府农业主管部门的监督和指导下使用。

第六章　监督管理

第四十条　县级以上人民政府农业主管部门应当定期调查统计农药生产、销售、使用情况，并及时通报本级人民政府有关部门。

县级以上地方人民政府农业主管部门应当建立农药生产、经营诚信档案并予以公布；发现违法生产、经营农药的行为涉嫌犯罪的，应当依法移送公安机关查处。

第四十一条　县级以上人民政府农业主管部门履行农药监督管理职责，可以依法采取下列措施：

（一）进入农药生产、经营、使用场所实施现场检查；

（二）对生产、经营、使用的农药实施抽查检测；

（三）向有关人员调查了解有关情况；

（四）查阅、复制合同、票据、账簿以及其他有关资料；

（五）查封、扣押违法生产、经营、使用的农药，以及用于违法生产、经营、使用农药的工具、设备、原材料等；

（六）查封违法生产、经营、使用农药的场所。

第四十二条　国家建立农药召回制度。农药生产企业发现其生产的农药对农业、林业、人畜安全、农产品质量安全、生态环境等有严重危害或者较大风险的，应当立即停止生产，通知有关经营者和使用者，向所在地农业主管部门报告，主动召回产品，并记录通知和召回情况。

农药经营者发现其经营的农药有前款规定的情形的，应当立即停止销售，通知有关生产企业、供货人和购买人，向所在地农业主管部门报告，并记录停止销售和通知情况。

农药使用者发现其使用的农药有本条第一款规定的情形的，应当立即停止使用，通知经营者，并向所在地农业主管部门报告。

第四十三条　国务院农业主管部门和省、自治区、直辖市人民政府农业主管部门应当组织负责农药检定工作的机构、植物保护机构对已登记农药的安全性和有效性进行监测。

发现已登记农药对农业、林业、人畜安全、农产品质量安全、生态环境等有严重危害或者较大风险的，国务院农业主管部门应当组织农药登记评审委员会进行评审，根据评审结果撤销、变更相应的农药登记证，必要时应当决定禁用或者限制使用并予以公告。

第四十四条　有下列情形之一的，认定为假农药：

（一）以非农药冒充农药；

（二）以此种农药冒充他种农药；

(三)农药所含有效成分种类与农药的标签、说明书标注的有效成分不符。

禁用的农药,未依法取得农药登记证而生产、进口的农药,以及未附具标签的农药,按照假农药处理。

第四十五条 有下列情形之一的,认定为劣质农药:

(一)不符合农药产品质量标准;

(二)混有导致药害等有害成分。

超过农药质量保证期的农药,按照劣质农药处理。

第四十六条 假农药、劣质农药和回收的农药废弃物等应当交由具有危险废物经营资质的单位集中处置,处置费用由相应的农药生产企业、农药经营者承担;农药生产企业、农药经营者不明确的,处置费用由所在地县级人民政府财政列支。

第四十七条 禁止伪造、变造、转让、出租、出借农药登记证、农药生产许可证、农药经营许可证等许可证明文件。

第四十八条 县级以上人民政府农业主管部门及其工作人员和负责农药检定工作的机构及其工作人员,不得参与农药生产、经营活动。

第七章 法律责任

第四十九条 县级以上人民政府农业主管部门及其工作人员有下列行为之一的,由本级人民政府责令改正;对负有责任的领导人员和直接责任人员,依法给予处分;负有责任的领导人员和直接责任人员构成犯罪的,依法追究刑事责任:

(一)不履行监督管理职责,所辖行政区域的违法农药生产、经营活动造成重大损失或者恶劣社会影响;

(二)对不符合条件的申请人准予许可或者对符合条件的申请人拒不准予许可;

(三)参与农药生产、经营活动;

(四)有其他徇私舞弊、滥用职权、玩忽职守行为。

第五十条 农药登记评审委员会组成人员在农药登记评审中谋取不正当利益的,由国务院农业主管部门从农药登记评审委员会除名;属于国家工作人员的,依法给予处分;构成犯罪的,依法追究刑事责任。

第五十一条 登记试验单位出具虚假登记试验报告的,由省、自治区、直辖市人民政府农业主管部门没收违法所得,并处 5 万元以上 10 万元以下罚款;由国务院农业主管部门从登记试验单位中除名,5 年内不再受理其登记试验单位认定申请;构成犯罪的,依法追究刑事责任。

第五十二条 未取得农药生产许可证生产农药或者生产假农药的,由县级以上地方人民政府农业主管部门责令停止生产,没收违法所得、违法生产的产品和用于违法生产的工具、设备、原材料等,违法生产的产品货值金额不足 1 万元的,并处 5 万元以上 10 万元以下罚款,货值金额 1 万元以上的,并处货值金额 10 倍以上 20 倍以下罚款,由发证机关吊销农药生产许可证和相应的农药登记证;构成犯罪的,依法追究刑事责任。

取得农药生产许可证的农药生产企业不再符合规定条件继续生产农药的,由县级以上地方人民政府农业主管部门责令限期整改;逾期拒不整改或者整改后仍不符合规定条件的,由发证机关吊销农药生产许可证。

农药生产企业生产劣质农药的,由县级以上地方人民政府农业主管部门责令停止生产,没收违法所得、违法生产的产品和用于违法生产的工具、设备、原材料等,违法生产的产品货值金额不足 1 万元的,并处 1 万元以上 5 万元以下罚款,货值金额 1 万元以上的,并处货值金额 5 倍以上 10 倍以下罚款;情节严重的,由发证机关吊销农药生产许可证和相应的农药登记证;构成犯罪的,依法追究刑事责任。

委托未取得农药生产许可证的受托人加工、分装农药,或者委托加工、分装假农药、劣质农药的,对委托人和受托人均依照本条第一款、第三款的规定处罚。

第五十三条 农药生产企业有下列行为之一的,由县级以上地方人民政府农业主管部门责令改正,没收违法所得、违法生产的产品和用于违法生产的原材料等,违法生产的产品货值金额不足 1 万元的,并处 1 万元以上 2 万元以下罚款,货值金额 1 万元以上的,并处货值金额 2 倍以上 5 倍以下罚款;拒不改正或者情节严重的,由发证机关吊销农药生产许可证和相应的农药登记证:

(一)采购、使用未依法附具产品质量检验合格证、未依法取得有关许可证明文件的原材料;

(二)出厂销售未经质量检验合格并附具产品质量检验合格证的农药;

(三)生产的农药包装、标签、说明书不符合规定;

(四)不召回依法应当召回的农药。

第五十四条　农药生产企业不执行原材料进货、农药出厂销售记录制度,或者不履行农药废弃物回收义务的,由县级以上地方人民政府农业主管部门责令改正,处1万元以上5万元以下罚款;拒不改正或者情节严重的,由发证机关吊销农药生产许可证和相应的农药登记证。

第五十五条　农药经营者有下列行为之一的,由县级以上地方人民政府农业主管部门责令停止经营,没收违法所得、违法经营的农药和用于违法经营的工具、设备等,违法经营的农药货值金额不足1万元的,并处5000元以上5万元以下罚款,货值金额1万元以上的,并处货值金额5倍以上10倍以下罚款;构成犯罪的,依法追究刑事责任:

(一)违反本条例规定,未取得农药经营许可证经营农药;

(二)经营假农药;

(三)在农药中添加物质。

有前款第二项、第三项规定的行为,情节严重的,还应当由发证机关吊销农药经营许可证。

取得农药经营许可证的农药经营者不再符合规定条件继续经营农药的,由县级以上地方人民政府农业主管部门责令限期整改;逾期拒不整改或者整改后仍不符合规定条件的,由发证机关吊销农药经营许可证。

第五十六条　农药经营者经营劣质农药的,由县级以上地方人民政府农业主管部门责令停止经营,没收违法所得、违法经营的农药和用于违法经营的工具、设备等,违法经营的农药货值金额不足1万元的,并处2000元以上2万元以下罚款,货值金额1万元以上的,并处货值金额2倍以上5倍以下罚款;情节严重的,由发证机关吊销农药经营许可证;构成犯罪的,依法追究刑事责任。

第五十七条　农药经营者有下列行为之一的,由县级以上地方人民政府农业主管部门责令改正,没收违法所得和违法经营的农药,并处5000元以上5万元以下罚款;拒不改正或者情节严重的,由发证机关吊销农药经营许可证:

(一)设立分支机构未依法变更农药经营许可证,或者未向分支机构所在地县级以上地方人民政府农业主管部门备案;

(二)向未取得农药生产许可证的农药生产企业或者未取得农药经营许可证的其他农药经营者采购农药;

(三)采购、销售未附具产品质量检验合格证或者包装、标签不符合规定的农药;

(四)不停止销售依法应当召回的农药。

第五十八条　农药经营者有下列行为之一的,由县级以上地方人民政府农业主管部门责令改正;拒不改正或者情节严重的,处2000元以上2万元以下罚款,并由发证机关吊销农药经营许可证:

(一)不执行农药采购台账、销售台账制度;

(二)在卫生用农药以外的农药经营场所内经营食品、食用农产品、饲料等;

(三)未将卫生用农药与其他商品分柜销售;

(四)不履行农药废弃物回收义务。

第五十九条　境外企业直接在中国销售农药的,由县级以上地方人民政府农业主管部门责令停止销售,没收违法所得、违法经营的农药和用于违法经营的工具、设备等,违法经营的农药货值金额不足5万元的,并处5万元以上50万元以下罚款,货值金额5万元以上的,并处货值金额10倍以上20倍以下罚款,由发证机关吊销农药登记证。

取得农药登记证的境外企业向中国出口劣质农药情节严重或者出口假农药的,由国务院农业主管部门吊销相应的农药登记证。

第六十条　农药使用者有下列行为之一的,由县级人民政府农业主管部门责令改正,农药使用者为农产品生产企业、食品和食用农产品仓储企业、专业化病虫害防治服务组织和从事农产品生产的农民专业合作社等单位的，处5万元以上10万元以下罚款，农药使用者为个人的，处1万元以下罚款；构成犯罪的，依法追究刑事责任：

（一）不按照农药的标签标注的使用范围、使用方法和剂量、使用技术要求和注意事项、安全间隔期使用农药；

（二）使用禁用的农药；

（三）将剧毒、高毒农药用于防治卫生害虫，用于蔬菜、瓜果、茶叶、菌类、中草药材生产或者用于水生植物的病虫害防治；

（四）在饮用水水源保护区内使用农药；

（五）使用农药毒鱼、虾、鸟、兽等；

（六）在饮用水水源保护区、河道内丢弃农药、农药包装物或者清洗施药器械。

有前款第二项规定的行为的，县级人民政府农业主管部门还应当没收禁用的农药。

第六十一条 农产品生产企业、食品和食用农产品仓储企业、专业化病虫害防治服务组织和从事农产品生产的农民专业合作社等不执行农药使用记录制度的，由县级人民政府农业主管部门责令改正；拒不改正或者情节严重的，处2000元以上2万元以下罚款。

第六十二条 伪造、变造、转让、出租、出借农药登记证、农药生产许可证、农药经营许可证等许可证明文件的，由发证机关收缴或者予以吊销，没收违法所得，并处1万元以上5万元以下罚款；构成犯罪的，依法追究刑事责任。

第六十三条 未取得农药生产许可证生产农药，未取得农药经营许可证经营农药，或者被吊销农药登记证、农药生产许可证、农药经营许可证的，其直接负责的主管人员10年内不得从事农药生产、经营活动。

农药生产企业、农药经营者招用前款规定的人员从事农药生产、经营活动的，由发证机关吊销农药生产许可证、农药经营许可证。

被吊销农药登记证的，国务院农业主管部门5年内不再受理其农药登记申请。

第六十四条 生产、经营的农药造成农药使用者人身、财产损害的，农药使用者可以向农药生产企业要求赔偿，也可以向农药经营者要求赔偿。属于农药生产企业责任的，农药经营者赔偿后有权向农药生产企业追偿；属于农药经营者责任的，农药生产企业赔偿后有权向农药经营者追偿。

第八章 附 则

第六十五条 申请农药登记的，申请人应当按照自愿有偿的原则，与登记试验单位协商确定登记试验费用。

第六十六条 本条例自2017年6月1日起施行。

附录3 《绿色食品标志管理办法》

（2012年7月30日农业部令2012年第6号公布，2019年4月25日农业农村部令2019年第2号、2022年1月7日农业农村部令2022年第1号修订）

第一章 总 则

第一条 为加强绿色食品标志使用管理，确保绿色食品信誉，促进绿色食品事业健康发展，维护生产经营者和消费者合法权益，根据《中华人民共和国农业法》《中华人民共和国食品安全法》《中华人民共和国农产品质量安全法》和《中华人民共和国商标法》，制定本办法。

第二条 本办法所称绿色食品，是指产自优良生态环境、按照绿色食品标准生产、实行全程质量控制并获得绿色食品标志使用权的安全、优质食用农产品及相关产品。

第三条 绿色食品标志依法注册为证明商标，受法律保护。

第四条 县级以上人民政府农业农村主管部门依法对绿色食品及绿色食品标志进行监督管理。

第五条 中国绿色食品发展中心负责全国绿色食品标志使用申请的审查、颁证和颁证后跟踪检查工作。

省级人民政府农业行政农村部门所属绿色食品工作机构(以下简称“省级工作机构”)负责本行政区域绿色食品标志使用申请的受理、初审和颁证后跟踪检查工作。

第六条 绿色食品产地环境、生产技术、产品质量、包装贮运等标准和规范，由农业农村部制定并发布。

第七条 承担绿色食品产品和产地环境检测工作的技术机构，应当具备相应的检测条件和能力，并依法经过资质认定，由中国绿色食品发展中心按照公平、公正、竞争的原则择优指定并报农业农村部备案。

第八条 县级以上地方人民政府农业农村主管部门应当鼓励和扶持绿色食品生产，将其纳入本地农业和农村经济发展规划，支持绿色食品生产基地建设。

第二章 标志使用申请与核准

第九条 申请使用绿色食品标志的产品，应当符合《中华人民共和国食品安全法》和《中华人民共和国农产品质量安全法》等法律法规规定，在国家知识产权局商标局核定的范围内，并具备下列条件：

(一)产品或产品原料产地环境符合绿色食品产地环境质量标准；

(二)农药、肥料、饲料、兽药等投入品使用符合绿色食品投入品使用准则；

(三)产品质量符合绿色食品产品质量标准；

(四)包装贮运符合绿色食品包装贮运标准。

第十条 申请使用绿色食品标志的生产单位(以下简称“申请人”)，应当具备下列条件：

(一)能够独立承担民事责任；

(二)具有绿色食品生产的环境条件和生产技术；

(三)具有完善的质量管理和质量保证体系；

(四)具有与生产规模相适应的生产技术人员和质量控制人员；

(五)具有稳定的生产基地；

(六)申请前三年内无质量安全事故和不良诚信记录。

第十一条 申请人应当向省级工作机构提出申请，并提交下列材料：

(一)标志使用申请书；

(二)产品生产技术规程和质量控制规范；

(三)预包装产品包装标签或其设计样张；

(四)中国绿色食品发展中心规定提交的其他证明材料。

第十二条 省级工作机构应当自收到申请之日起十个工作日内完成材料审查。符合要求的，予以受理，并在产品及产品原料生产期内组织有资质的检查员完成现场检查；

不符合要求的，不予受理，书面通知申请人并告知理由。

现场检查合格的，省级工作机构应当书面通知申请人，由申请人委托符合第七条规定的检测机构对申请产品和相应的产地环境进行检测;现场检查不合格的,省级工作机构应当退回申请并书面告知理由。

第十三条 检测机构接受申请人委托后,应当及时安排现场抽样,并自产品样品抽样之日起二十个工作日内、环境样品抽样之日起三十个工作日内完成检测工作,出具产品质量检验报告和产地环境监测报告,提交省级工作机构和申请人。

检测机构应当对检测结果负责。

第十四条 省级工作机构应当自收到产品检验报告和产地环境监测报告之日起二十个工作日内提出初审意见。初审合格的,将初审意见及相关材料报送中国绿色食品发展中心。初审不合格的,退回申请并书面告知理由。

省级工作机构应当对初审结果负责。

第十五条 中国绿色食品发展中心应当自收到省级工作机构报送的申请材料之日起三十个工作日内完成书面审查,并在二十个工作日内组织专家评审。必要时,应当进行现场核查。

第十六条 中国绿色食品发展中心应当根据专家评审的意见,在五个工作日内作出是否颁证的决定。同意颁证的,与申请人签订绿色食品标志使用合同,颁发绿色食品标志使用证书,并公告;不同意颁证的,书面通知申请人并告知理由。

第十七条 绿色食品标志使用证书是申请人合法使用绿色食品标志的凭证,应当载明准许使用的产品名称、商标名称、获证单位及其信息编码、核准产量、产品编号、标志使用有效期、颁证机构等内容。

绿色食品标志使用证书分中文、英文版本,具有同等效力。

第十八条 绿色食品标志使用证书有效期三年。

证书有效期满,需要继续使用绿色食品标志的,标志使用人应当在有效期满三个月前向省级工作机构书面提出续展申请。省级工作机构应当在四十个工作日内组织完成相关检查、检测及材料审核。初审合格的,由中国绿色食品发展中心在十个工作日内作出是否准予续展的决定。准予续展的,与标志使用人续签绿色食品标志使用合同,颁发新的绿色食品标志使用证书并公告;不予续展的,书面通知标志使用人并告知理由。

标志使用人逾期未提出续展申请,或者申请续展未获通过的,不得继续使用绿色食品标志。

第三章 标志使用管理

第十九条 标志使用人在证书有效期内享有下列权利:

(一)在获证产品及其包装、标签、说明书上使用绿色食品标志;

(二)在获证产品的广告宣传、展览展销等市场营销活动中使用绿色食品标志;

(三)在农产品生产基地建设、农业标准化生产、产业化经营、农产品市场营销等方面优先享受相关扶持政策。

第二十条 标志使用人在证书有效期内应当履行下列义务:

(一)严格执行绿色食品标准,保持绿色食品产地环境和产品质量稳定可靠;

(二)遵守标志使用合同及相关规定,规范使用绿色食品标志;

(三)积极配合县级以上人民政府农业农村主管部门的监督检查及其所属绿色食品工作机构的跟踪检查。

第二十一条　未经中国绿色食品发展中心许可，任何单位和个人不得使用绿色食品标志。

禁止将绿色食品标志用于非许可产品及其经营性活动。

第二十二条　在证书有效期内，标志使用人的单位名称、产品名称、产品商标等发生变化的，应当经省级工作机构审核后向中国绿色食品发展中心申请办理变更手续。

产地环境、生产技术等条件发生变化，导致产品不再符合绿色食品标准要求的，标志使用人应当立即停止标志使用，并通过省级工作机构向中国绿色食品发展中心报告。

第四章　监督检查

第二十三条　标志使用人应当健全和实施产品质量控制体系，对其生产的绿色食品质量和信誉负责。

第二十四条　县级以上地方人民政府农业农村主管部门应当加强绿色食品标志的监督管理工作，依法对辖区内绿色食品产地环境、产品质量、包装标识、标志使用等情况进行监督检查。

第二十五条　中国绿色食品发展中心和省级工作机构应当建立绿色食品风险防范及应急处置制度，组织对绿色食品及标志使用情况进行跟踪检查。

省级工作机构应当组织对辖区内绿色食品标志使用人使用绿色食品标志的情况实施年度检查。检查合格的，在标志使用证书上加盖年度检查合格章。

第二十六条　标志使用人有下列情形之一的，由中国绿色食品发展中心取消其标志使用权，收回标志使用证书，并予公告：

（一）生产环境不符合绿色食品环境质量标准的；

（二）产品质量不符合绿色食品产品质量标准的；

（三）年度检查不合格的；

（四）未遵守标志使用合同约定的；

（五）违反规定使用标志和证书的；

（六）以欺骗、贿赂等不正当手段取得标志使用权的。

标志使用人依照前款规定被取消标志使用权的，三年内中国绿色食品发展中心不再受理其申请；情节严重的，永久不再受理其申请。

第二十七条　任何单位和个人不得伪造、转让绿色食品标志和标志使用证书。

第二十八条　国家鼓励单位和个人对绿色食品和标志使用情况进行社会监督。

第二十九条　从事绿色食品检测、审核、监管工作的人员，滥用职权、徇私舞弊和玩忽职守的，依照有关规定给予行政处罚或行政处分；涉嫌犯罪的，及时将案件移送司法机关，依法追究刑事责任。

承担绿色食品产品和产地环境检测工作的技术机构伪造检测结果的，除依法予以处罚外，由中国绿色食品发展中心取消指定，永久不得再承担绿色食品产品和产地环境检测工作。

第三十条　其他违反本办法规定的行为，依照《中华人民共和国食品安全法》《中华人民共和国农产品质量安全法》和《中华人民共和国商标法》等法律法规处罚。

第五章　附　　则

第三十一条　绿色食品标志有关收费办法及标准，依照国家相关规定执行。

第三十二条 本办法自2012年10月1日起施行。农业部1993年1月11日印发的《绿色食品标志管理办法》[〔1993〕农(绿)字第1号]同时废止。

附录4 《有机产品认证管理办法》

(2013年11月15日国家质量监督检验检疫总局令第155号公布根据2015年8月25日国家质量监督检验检疫总局令第166号第一次修订根据2022年9月29日国家市场监督管理总局令第61号第二次修订)

第一章 总 则

第一条 为了维护消费者、生产者和销售者合法权益,进一步提高有机产品质量,加强有机产品认证管理,促进生态环境保护和可持续发展,根据《中华人民共和国产品质量法》《中华人民共和国进出口商品检验法》《中华人民共和国认证认可条例》等法律、行政法规的规定,制定本办法。

第二条 在中华人民共和国境内从事有机产品认证以及获证有机产品生产、加工、进口和销售活动,应当遵守本办法。

第三条 本办法所称有机产品,是指生产、加工和销售符合中国有机产品国家标准的供人类消费、动物食用的产品。

本办法所称有机产品认证,是指认证机构依照本办法的规定,按照有机产品认证规则,对相关产品的生产、加工和销售活动符合中国有机产品国家标准进行的合格评定活动。

第四条 国家市场监督管理总局负责全国有机产品认证的统一管理、监督和综合协调工作。

地方市场监督管理部门负责所辖区域内有机产品认证活动的监督管理工作。

第五条 国家推行统一的有机产品认证制度,实行统一的认证目录、统一的标准和认证实施规则、统一的认证标志。国家市场监督管理总局负责制定和调整有机产品认证目录、认证实施规则,并对外公布。

第六条 国家市场监督管理总局按照平等互利的原则组织开展有机产品认证国际合作。开展有机产品认证国际互认活动,应当在国家对外签署的国际合作协议内进行。

第二章 认证实施

第七条 有机产品认证机构(以下简称认证机构)应当依法取得法人资格,并经国家市场监督管理总局批准后,方可从事批准范围内的有机产品认证活动。

认证机构实施认证活动的能力应当符合有关产品认证机构国家标准的要求。

从事有机产品认证检查活动的检查员,应当经国家认证人员注册机构注册后,方可从事有机产品认证检查活动。

第八条 有机产品生产者、加工者(以下统称认证委托人),可以自愿委托认证机构进行有机产品认证,并提交有机产品认证实施规则中规定的申请材料。

认证机构不得受理不符合国家规定的有机产品生产产地环境要求,以及有机产品认证目录外产品的认证委托人的认证委托。

第九条 认证机构应当自收到认证委托人申请材料之日起10日内,完成材料审核,并作出是否受理的决定。对于不予受理的，应当书面通知认证委托人，并说明理由。

认证机构应当在对认证委托人实施现场检查前 5 日内，将认证委托人、认证检查方案等基本信息报送至国家市场监督管理总局确定的信息系统。

第十条 认证机构受理认证委托后，认证机构应当按照有机产品认证实施规则的规定，由认证检查员对有机产品生产、加工场所进行现场检查，并应当委托具有法定资质的检验检测机构对申请认证的产品进行检验检测。

按照有机产品认证实施规则的规定，需要进行产地（基地）环境监（检）测的，由具有法定资质的监（检）测机构出具监（检）测报告，或者采信认证委托人提供的其他合法有效的环境监（检）测结论。

第十一条 符合有机产品认证要求的，认证机构应当及时向认证委托人出具有机产品认证证书，允许其使用中国有机产品认证标志；对不符合认证要求的，应当书面通知认证委托人，并说明理由。

认证机构及认证人员应当对其作出的认证结论负责。

第十二条 认证机构应当保证认证过程的完整、客观、真实，并对认证过程作出完整记录，归档留存，保证认证过程和结果具有可追溯性。

产品检验检测和环境监（检）测机构应当确保检验检测、监测结论的真实、准确，并对检验检测、监测过程作出完整记录，归档留存。产品检验检测、环境监测机构及其相关人员应当对其作出的检验检测、监测报告的内容和结论负责。

本条规定的记录保存期为 5 年。

第十三条 认证机构应当按照认证实施规则的规定，对获证产品及其生产、加工过程实施有效跟踪检查，以保证认证结论能够持续符合认证要求。

第十四条 认证机构应当及时向认证委托人出具有机产品销售证，以保证获证产品的认证委托人所销售的有机产品类别、范围和数量与认证证书中的记载一致。

第十五条 有机配料含量（指重量或者液体体积，不包括水和盐，下同）等于或者高于 95％的加工产品，应当在获得有机产品认证后，方可在产品或者产品包装及标签上标注“有机”字样，加施有机产品认证标志。

第十六条 认证机构不得对有机配料含量低于 95％的加工产品进行有机认证。

第三章 有机产品进口

第十七条 向中国出口有机产品的国家或者地区的有机产品主管机构，可以向国家市场监督管理总局提出有机产品认证体系等效性评估申请，国家市场监督管理总局受理其申请，并组织有关专家对提交的申请进行评估。

评估可以采取文件审查、现场检查等方式进行。

第十八条 向中国出口有机产品的国家或者地区的有机产品认证体系与中国有机产品认证体系等效的，国家市场监督管理总局可以与其主管部门签署相关备忘录。

该国家或者地区出口至中国的有机产品，依照相关备忘录的规定实施管理。

第十九条 未与国家市场监督管理总局就有机产品认证体系等效性方面签署相关备忘录的国家或者地区的进口产品，拟作为有机产品向中国出口时，应当符合中国有机产品相关法律法规和中国有机产品国家标准的要求。

第二十条 需要获得中国有机产品认证的进口产品生产商、销售商、进口商或者代理商(以下统称进口有机产品认证委托人),应当向经国家市场监督管理总局批准的认证机构提出认证委托。

第二十一条 进口有机产品认证委托人应当按照有机产品认证实施规则的规定,向认证机构提交相关申请资料和文件,其中申请书、调查表、加工工艺流程、产品配方和生产、加工过程中使用的投入品等认证申请材料、文件,应当同时提交中文版本。申请材料不符合要求的,认证机构应当不予受理其认证委托。

认证机构从事进口有机产品认证活动应当符合本办法和有机产品认证实施规则的规定,认证检查记录和检查报告等应当有中文版本。

第二十二条 进口有机产品申报入境检验检疫时,应当提交其所获中国有机产品认证证书复印件、有机产品销售证复印件、认证标志和产品标识等文件。

第二十三条 自对进口有机产品认证委托人出具有机产品认证证书起30日内,认证机构应当向国家市场监督管理总局提交以下书面材料:

(一)获证产品类别、范围和数量;

(二)进口有机产品认证委托人的名称、地址和联系方式;

(三)获证产品生产商、进口商的名称、地址和联系方式;

(四)认证证书和检查报告复印件(中外文版本);

(五)国家市场监督管理总局规定的其他材料。

第四章 认证证书和认证标志

第二十四条 国家市场监督管理总局负责制定有机产品认证证书的基本格式、编号规则和认证标志的式样、编号规则。

第二十五条 认证证书有效期为1年。

第二十六条 认证证书应当包括以下内容:

(一)认证委托人的名称、地址;

(二)获证产品的生产者、加工者以及产地(基地)的名称、地址;

(三)获证产品的数量、产地(基地)面积和产品种类;

(四)认证类别;

(五)依据的国家标准或者技术规范;

(六)认证机构名称及其负责人签字、发证日期、有效期。

第二十七条 获证产品在认证证书有效期内,有下列情形之一的,认证委托人应当在15日内向认证机构申请变更。认证机构应当自收到认证证书变更申请之日起30日内,对认证证书进行变更:

(一)认证委托人或者有机产品生产、加工单位名称或者法人性质发生变更的;

(二)产品种类和数量减少的;

(三)其他需要变更认证证书的情形。

第二十八条 有下列情形之一的,认证机构应当在30日内注销认证证书,并对外公布:

(一)认证证书有效期届满,未申请延续使用的;

(二)获证产品不再生产的;

（三）获证产品的认证委托人申请注销的；

（四）其他需要注销认证证书的情形。

第二十九条　有下列情形之一的，认证机构应当在15日内暂停认证证书，认证证书暂停期为1至3个月，并对外公布：

（一）未按照规定使用认证证书或者认证标志的；

（二）获证产品的生产、加工、销售等活动或者管理体系不符合认证要求，且经认证机构评估在暂停期限内能够采取有效纠正或者纠正措施的；

（三）其他需要暂停认证证书的情形。

第三十条　有下列情形之一的，认证机构应当在7日内撤销认证证书，并对外公布：

（一）获证产品质量不符合国家相关法规、标准强制要求或者被检出有机产品国家标准禁用物质的；

（二）获证产品生产、加工活动中使用了有机产品国家标准禁用物质或者受到禁用物质污染的；

（三）获证产品的认证委托人虚报、瞒报获证所需信息的；

（四）获证产品的认证委托人超范围使用认证标志的；

（五）获证产品的产地（基地）环境质量不符合认证要求的；

（六）获证产品的生产、加工、销售等活动或者管理体系不符合认证要求，且在认证证书暂停期间，未采取有效纠正或者纠正措施的；

（七）获证产品在认证证书标明的生产、加工场所外进行了再次加工、分装、分割的；

（八）获证产品的认证委托人对相关方重大投诉且确有问题未能采取有效处理措施的；

（九）获证产品的认证委托人从事有机产品认证活动因违反国家农产品、食品安全管理相关法律法规，受到相关行政处罚的；

（十）获证产品的认证委托人拒不接受市场监督管理部门或者认证机构对其实施监督的；

（十一）其他需要撤销认证证书的情形。

第三十一条　有机产品认证标志为中国有机产品认证标志。

中国有机产品认证标志标有中文“中国有机产品”字样和英文“ORGANIC”字样。图案如下：

第三十二条　中国有机产品认证标志应当在认证证书限定的产品类别、范围和数量内使用。

认证机构应当按照国家市场监督管理总局统一的编号规则，对每枚认证标志进行唯一编号(以下简称有机码),并采取有效防伪、追溯技术,确保发放的每枚认证标志能够溯源到其对应的认证证书和获证产品及其生产、加工单位。

第三十三条 获证产品的认证委托人应当在获证产品或者产品的最小销售包装上,加施中国有机产品认证标志、有机码和认证机构名称。

获证产品标签、说明书及广告宣传等材料上可以印制中国有机产品认证标志,并可以按照比例放大或者缩小,但不得变形、变色。

第三十四条 有下列情形之一的,任何单位和个人不得在产品、产品最小销售包装及其标签上标注含有“有机”“ORGANIC”等字样且可能误导公众认为该产品为有机产品的文字表述和图案:

(一)未获得有机产品认证的;

(二)获证产品在认证证书标明的生产、加工场所外进行了再次加工、分装、分割的。

第三十五条 认证证书暂停期间,获证产品的认证委托人应当暂停使用认证证书和认证标志;认证证书注销、撤销后,认证委托人应当向认证机构交回认证证书和未使用的认证标志。

第五章 监督管理

第三十六条 国家市场监督管理总局对有机产品认证活动组织实施监督检查和不定期的专项监督检查。

第三十七条 县级以上地方市场监督管理部门应当依法对所辖区域的有机产品认证活动进行监督检查,查处获证有机产品生产、加工、销售活动中的违法行为。

第三十八条 县级以上地方市场监督管理部门的监督检查的方式包括:

(一)对有机产品认证活动是否符合本办法和有机产品认证实施规则规定的监督检查;

(二)对获证产品的监督抽查;

(三)对获证产品认证、生产、加工、进口、销售单位的监督检查;

(四)对有机产品认证证书、认证标志的监督检查;

(五)对有机产品认证咨询活动是否符合相关规定的监督检查;

(六)对有机产品认证和认证咨询活动举报的调查处理;

(七)对违法行为的依法查处。

第三十九条 国家市场监督管理总局通过信息系统,定期公布有机产品认证动态信息。

认证机构在出具认证证书之前,应当按要求及时向信息系统报送有机产品认证相关信息,并获取认证证书编号。

认证机构在发放认证标志之前,应当将认证标志、有机码的相关信息上传到信息系统。

县级以上地方市场监督管理部门通过信息系统,根据认证机构报送和上传的认证相关信息,对所辖区域内开展的有机产品认证活动进行监督检查。

第四十条 获证产品的认证委托人以及有机产品销售单位和个人,在产品生产、加工、包装、贮藏、运输和销售等过程中,应当建立完善的产品质量安全追溯体系和生产、加工、销售记录档案制度。

第四十一条 有机产品销售单位和个人在采购、贮藏、运输、销售有机产品的活动中,应当符合有机产品国家标准的规定,保证销售的有机产品类别、范围和数量与销售证中的产品类别、范围和数量一致,并能够提供与正本内容一致的认证证书和有机产品销售证的复印件,以备相关行政监管部门或者消费者查询。

第四十二条　市场监督管理部门可以根据国家有关部门发布的动植物疫情、环境污染风险预警等信息，以及监督检查、消费者投诉举报、媒体反映等情况，及时发布关于有机产品认证区域、获证产品及其认证委托人、认证机构的认证风险预警信息，并采取相关应对措施。

第四十三条　获证产品的认证委托人提供虚假信息、违规使用禁用物质、超范围使用有机认证标志，或者出现产品质量安全重大事故的，认证机构5年内不得受理该企业及其生产基地、加工场所的有机产品认证委托。

第四十四条　认证委托人对认证机构的认证结论或者处理决定有异议的，可以向认证机构提出申诉。

第四十五条　任何单位和个人对有机产品认证活动中的违法行为，可以向市场监督管理部门举报。市场监督管理部门应当及时调查处理，并为举报人保密。

第六章　罚　　则

第四十六条　伪造、冒用、非法买卖认证标志的，县级以上地方市场监督管理部门依照《中华人民共和国产品质量法》《中华人民共和国进出口商品检验法》及其实施条例等法律、行政法规的规定处罚。

第四十七条　伪造、变造、冒用、非法买卖、转让、涂改认证证书的，县级以上地方市场监督管理部门责令改正，处3万元罚款。

违反本办法第三十九条第二款的规定，认证机构在其出具的认证证书上自行编制认证证书编号的，视为伪造认证证书。

第四十八条　违反本办法第三十四条的规定，在产品或者产品包装及标签上标注含有“有机”“ORGANIC”等字样且可能误导公众认为该产品为有机产品的文字表述和图案的，县级以上地方市场监督管理部门责令改正，处3万元以下罚款。

第四十九条　认证机构有下列情形之一的，国家市场监督管理总局应当责令改正，予以警告，并对外公布：

（一）未依照本办法第三十九条第三款的规定，将有机产品认证标志、有机码上传到国家市场监督管理总局确定的信息系统的；

（二）未依照本办法第九条第二款的规定，向国家市场监督管理总局确定的信息系统报送相关认证信息或者其所报送信息失实的；

（三）未依照本办法第二十三条的规定，向国家市场监督管理总局提交相关材料备案的。

第五十条　违反本办法第十六条的规定，认证机构对有机配料含量低于95%的加工产品进行有机认证的，县级以上地方市场监督管理部门责令改正，处3万元以下罚款。

第五十一条　认证机构违反本办法第二十九条、第三十条的规定，未及时暂停或者撤销认证证书并对外公布的，依照《中华人民共和国认证认可条例》第五十九条的规定处罚。

第五十二条　认证机构、获证产品的认证委托人拒绝接受国家市场监督管理总局或者县级以上地方市场监督管理部门监督检查的，责令限期改正；逾期未改正的，处3万元以下罚款。

第五十三条　有机产品认证活动中的其他违法行为，依照有关法律、行政法规、部门规章的规定处罚。

第七章　附　　则

第五十四条　有机产品认证收费应当依照国家有关价格法律、行政法规的规定执行。

第五十五条　出口的有机产品，应当符合进口国家或者地区的要求。

第五十六条　本办法所称有机配料，是指在制造或者加工有机产品时使用并存在(包括改性的形式存在)于产品中的任何物质，包括添加剂。

第五十七条　本办法由国家市场监督管理总局负责解释。

第五十八条　本办法自 2014 年 4 月 1 日起施行。国家质检总局 2004 年 11 月 5 日公布的《有机产品认证管理办法》

(国家质检总局第 67 号令)同时废止。

参考文献

[1]全国人大常委会办公厅．中华人民共和国农产品质量安全法[M]. 北京:中国民主法制出版社,2022.

[2]赖永波．农产品质量安全监管绩效影响效应研究[M]. 厦门:厦门大学出版社,2017.

[3]国务院法制办公室．中华人民共和国三农法典[M]. 北京:中国法制出版社,2018.

[4]汪普庆,龙子午．新形势下食品安全治理体系[M]. 武汉:武汉大学出版社,2021.

[5]王熹．食品安全与质量管理[M]. 重庆:重庆大学出版社,2015.

[6]郑永利,汤达钵,宋主荣．绿色农产品与国有农场转型发展[M]. 杭州:浙江大学出版社,2019.

[7]贾玉娟,刘永强,孙向春．农产品质量安全[M]. 重庆:重庆大学出版社,2017.

[8]王建华．农业安全生产转型的现代化路径[M]. 南京:江苏人民出版社,2019.

[9]王国强,张宝军,隆丽娟．有机农业食品与现代农业[M]. 银川:宁夏人民出版社,2008.

[10]汪普庆,龙子午．新形势下食品安全治理体系[M]. 武汉:武汉大学出版社,2021.

[11]定天明,闻胜,高进,等．食品安全理化检测方法概述与应用[M]. 武汉:武汉理工大学出版社,2016.

[12]刘希凤,王敬．畜产品加工与检测[M]. 重庆:重庆大学出版社,2015.

[13]郑泽厚．环境生态与土壤资源[M]. 北京:世界图书出版公司,2013.

[14]黄士文,戚自荣．区域生态农业技术研究与应用[M]. 宁波:宁波出版社,2016.

[15]杨永．地理标志保护创新发展路径研究[M]. 杨凌:西北农林科技大学出版社,2016.

[16]于波．地理标志保护制度[M]. 上海:上海人民出版社:2018.

[17]牛永革．地理品牌研究[M]. 成都:四川大学出版社,2014.